Klaus Bovers & Christine Paxmann

Im Traunsteiner Land

Allitera Verlag

Juni 2022
Allitera Verlag
Ein Verlag der Buch&media GmbH München
© 2022 Buch&media GmbH München
Redaktion: Dietlind Pedarnig
Layout, Satz: Christine Paxmann
Coverbild: © Christian Bäck Fotografie, www.comebaeck.de
Fotos Innenteil: Klaus Bovers S. 8–57, 78–93, 140–231;
Christine Paxmann S. 58–77, 94–139; Sepp Wurm S. 93
Gesetzt aus der Sabon MT und Officina Sans ITC
Printed in Europe · ISBN 978-3-96233-310-2

Allitera Verlag
Merianstraße 24 · 80637 München
Fon 089 13 92 90 46 · Fax 089 13 92 90 65

Weitere Publikationen aus unserem Programm finden Sie auf
www.allitera.de
Kontakt und Bestellungen unter info@allitera.de

Klaus Bovers & Christine Paxmann

Im Traunsteiner Land

Entdeckungsorte für Neugierige

Allitera Verlag

Inhalt

Vorwort 4

Tour 1 Einmal um den Buchberg –
von Raiten durchs Achental und zurück 9

Tour 2 Erdgeschichte und Ewigkeitsweg
durch die Kendlmühlfilzen 23

Tour 3 Entlang der Weißen Traun
mit Blick in die Berge 37

Tour 4 Eine stramme Dreiseenrunde
oder drei Ausflüge zu Seeidyllen 59

Tour 5 Römische Straßen und uriges Bier
entlang der Sur 79

Tour 6 Sonniger Höhenrücken mit Aussicht
und diversen Abstiegen 95

Tour 7 Ein geschmeidiger Huggel
mit vielen Einkehrmöglichkeiten 107

Tour 8 Zwischen Hochmoor, Pferden und
einem einsamen Kiosk 119

Tour 9 Mystischer Spazierweg
durch Römer- und Eiszeit 129

Tour 10 Bei den Mühlen an der Traun: zu Fuß oder
per Rad von Traunstein nach Traunwalchen 141

Tour 11 Hier bekam das »Bayerische Meer«
seinen Namen 153

Tour 12 Wandern durch altbayerisches Bauernland 165

Tour 13 Grün und klar bis auf den Grund:
eine Radrundfahrt entlang der Alz 175

Tour 14 Ein geschmeidiger Rundweg
samt Kulturschätzen zum Entdecken 189

Tour 15 Badeplätze und Burgen im
Törringer Land: Entspannen am Tachinger See 207

Tour 16 Hier regierten mal die Salzburger:
Entdeckungen in und um Tittmoning 215

Ortsregister 232

Vorwort

Unterwegs sein, Grenzen überwinden, Abenteuer erleben, möglichst in unbekannten Fernen – das ist für die meisten seit Jahren der Inbegriff des Reisens. Sich beim weltweiten Angebot wenigstens einmal jährlich zu bedienen, ist immer noch sehr verführerisch. Doch inzwischen haben sich ungeahnte Dinge ergeben, die Fernreisen ausbremsen und unsere Perspektive auf solche Unternehmungen nachhaltig ändern werden. Der neue Trend heißt: Entdeckungen vor der Haustür, oder auch »Mikroabenteuer«.

Unterwegs sein ohne großen Reisestress, gelassen, neugierig und mehr so ins Blaue hinein, das war uns als Reiseautoren immer schon am liebsten. Wer also passende Empfehlungen sucht und dabei den Chiemgau im Visier hat, dem können wir etwas bieten. Gerade im Landkreis Traunstein ist die Vielfalt für solche Landpartien richtig groß, ob zu Fuß oder mit dem Radl.

Das Traunsteiner Land haben wir auf diese Weise seit Jahren immer wieder durchstreift, von den Chiemgauer Bergen bis in den Rupertiwinkel, mit oder ohne Radl, immer neugierig auf überraschende Details und selten ohne Kamera. Denn das ist nicht unser erstes Buch über diese besondere Region zwischen Inn und Salzach. Diesmal bieten wir Ihnen 16 Landpartien an, wobei das nur ein kleiner Teil der möglichen Exkursionen im Traunsteiner Land ist. Sind Sie als Neugierige erst einmal auf den Geschmack gekommen, bleiben Ihnen noch viele Möglichkeiten für eigene Entdeckungen. Dafür wünschen wir Ihnen schon jetzt viel Vergnügen!

Weite Blicke gibt es rund um Traunstein viele, hier der von Inzell aus.

Tipps für den Gebrauch

Außer den Tourendaten am Beginn jeder Landpartie finden Sie bei uns weder Kartenskizzen noch Koordinaten oder Höhenprofile, und das ist Absicht. Das »Wandern nach Zahlen« ist etwas für klassische Wanderführer, weniger für Wanderverführer unserer Art. Trotzdem schicken wir Sie nicht ganz »ins Blaue«, unsere Wegbeschreibungen sind so exakt wie nötig und so spannend wie möglich. Spannend kann auch die kurze Vorbereitung sein, wofür wir die »Amtlichen Topographischen Karten« des Bayerischen Landesamtes für Vermessung und Geoinformation empfehlen. Ihr Maßstab 1:25 000 zeigt nicht nur jedes Haus, sondern ist auch ideal für den generellen Überblick vor der Tour. Wem das zu altmodisch ist, kann natürlich eine der gebräuchlichen Wander-Apps nutzen, doch wir gestehen es freimütig: Mangels Erfahrung haben wir dazu keine persönliche Empfehlung. Die von uns empfohlenen Karten haben die Nummern: O15, O16, P15, P16, P17, Q15 und Q16.

Einmal um den Buchberg – von Raiten durchs Achental und zurück

Route: Raiten – Achental – Mettenham – Raiten
Länge: 9 Kilometer
Gehzeit: 2 bis 3 Stunden
Start und Ziel: Parkplatz am Raitener Bach
Bade- und Einkehrgelegenheit, Schwierigkeit mittel

Einmal im Leben einen richtig berühmten Berg umrunden – das Traumziel so mancher Alpinisten. Bekanntestes Beispiel: der Kailash in Tibet, der als heiliger Berg mit viel Spiritualität aufwarten kann und dazu mit anspruchsvollem Trecking über 53 Kilometer. Auch wir wollen heute einen Berg umrunden, Trecking haben wir dabei aber nicht im Sinn, doch vielleicht treffen wir ja unterwegs auf ein wenig Spiritualität. Wenn wir besondere Naturerlebnisse mit dazuzählen, dürfte das klappen, denn auf unserem Weg um den Buchberg gibt es davon reichlich! Spirituelle Ausstrahlung bietet auch unser Start- und Zielort, das kleine Dörfchen Raiten. Es drohte, im Januar 2019 von einer Lawine der Hochplatte verschüttet zu werden, und wurde aufwendig evakuiert, doch die Madonna von den sieben Linden hielt ihre schützende Hand über das Dorf. Die ihr geweihte kleine Kirche oben am Waldrand schauen wir uns deshalb später noch genauer an.

Erst einmal parken wir unten am Raitener Bach, wo Wanderer ihre müden Füße in eine kleine Kneipp-Anlage eintauchen können. Wir sind noch frisch und überqueren deshalb an der Ortseinfahrt zügig die viel befahrene B307 Richtung Auwald. Der Raitener Bach hat es leichter und fließt in der Gegenrichtung unter der Straße hindurch Richtung Hammerschmiede, an deren liebevoll saniertem Gemäuer wir gerade noch stau-

Moorwasser im Raitener Bach

nend standen. Engagierte Raitener Neubürger möchten die Schmiede wieder zum Leben erwecken, ihre Geschichte können wir auf einer Tafel nachlesen. Gleich am Beginn unseres Weges Richtung Buchberg rauscht rechts der Raitener Bach durch eine bemooste Schleusenanlage, womöglich aus der Zeit, als die Hammerschmiede noch in Betrieb war.

Wir folgen dem breiten Fahrweg durch einen hochgewachsenen, schattigen Auwald und achten auf die Beschilderung Richtung Schleching. Nach 500 Metern nehmen wir an der Gabelung die linke Variante, bleiben danach immer im Tal und wer nicht nur stur auf seine Füße schaut, der sieht auf einmal links das grüne Wasser der Tiroler Ache. Ein überraschender Uferzugang mit grandiosem Ausblick auf einen alpinen Wildfluss wie aus dem Bilderbuch! Die Tiroler Ache ist zwar bis zur Mündung in den Chiemsee durch Dämme gezähmt, doch hier kann sie sich noch frei bewegen. Nach jedem Frühjahrshochwasser gestaltet sie ihre Kiesbänke und Nebenarme neu, was die Kanuten spannend finden und der Jugend aus den Achental-Dörfern immer wieder neue Aben-

Am Wildfluss sind Hunde erlaubt

teuerspielplätze beschert. Das verraten ihre Feuerstellen und so manches Treibholzkunstobjekt.

Ab hier bitte auf den Weg konzentrieren!

Inzwischen ist er uns ganz nahe gerückt, der Buchberg, den wir umrunden wollen. Ein schmaler Pfad führt uns vom Ufer weg und einige Meter hinauf in den Schatten von Buchen, die den Weg mit ihren Herbstblättern gepolstert haben. Links unten beleuchtet die Sonne die Wasserwirbel der Ache. Doch bitte nicht ablenken lassen, sondern auf die Schritte achten: Der Bergwald fällt hier zum Fluss hin richtig steil ab. Immer wieder gibt es Durchblicke aufs andere Ufer, so wie an einer sonnenwarmen Lichtung, wo der Pfad fast zugewachsen ist und die Himbeeren üppig wuchern. Insekten schwirren durchs Biotop und Botaniker würden hier sicher ein paar Beispiele seltener Alpenflora finden. Kurz vor dem Ende

Als alpiner Wildfluss kann sich die Ache hier frei bewegen.

Biotop mit sonnenwarmen Himbeeren

des Pfades wird es noch einmal spannend. Am Hang ist ein Halteseil für die Unsicheren angebracht, doch es sind nur noch ein paar Meter, bis der Weg über eine Treppe steil nach unten führt, zurück ans Ufer der Ache, wo man wieder nebeneinander gehen kann.

Erst einmal weg vom Fluss, an einem glasklaren Bach entlang, dann über eine Bohlenbrücke und auf der anderen Seite im Bogen wieder zurück Richtung Ache. Links zweigt ein Weg ab, der neugierig macht – und schon stehen wir vor einer Szenerie wie in den kanadischen Rocky Mountains. Freier Blick auf den Fluss und die Berge, über Kiesbänke mit wild angeschwemmtem Treibholz und gegenüber das steile Waldufer, wo der grüne Hauptstrom der Ache durchrauscht. Wer jetzt Pause macht und erst einmal anfängt, nach schönen Flusskieseln zu suchen, der vergisst hier »in Kanada« garantiert die Zeit. Später ziehen Trüppchen von Kajakfahrern vorbei und flussabwärts verschwindet ein Segelflugzeug im Landeanflug hinter den Bäumen. Womit sich Kanada verabschiedet und wir wieder mitten im ebenso schönen Chiemgau sind. Das mit dem Segelflugzeug klären wir später.

Zielflughafen Unterwössen

Auf dem Dammweg gehen wir flussaufwärts bis zur Einmündung des Mühlbachs, einem schattigen Platz mit Bänken und Tischen. Hier wird bei schönem Wetter geplanscht und gepicknickt, Hunde sind erlaubt. Gegen Mittag ist der Blick flussaufwärts ein einziges Flimmern, am Horizont steht im Dunst der Geigelstein und die Ache treibt ihr Spiel mit den Kiesbänken. Beim nächsten Besuch schaut es hier wieder ganz anders aus. Für heute verlassen wir den Fluss und sind kurz darauf am Südende des Buchbergs. Ein Schottersträßchen führt durch den Wald hinauf, dort oben soll ein altes Forsthaus bewohnt sein. »Buchberg 1« sagt der Briefkasten gleich neben dem »Privat«-Sperrschild. Das sieht sehr nach Einsiedelei aus. Ob wir da neidisch sein müssen?

Später ziehen Kajakfahrer vorbei und ein Segelflugzeug verschwindet hinter den Bäumen.

»Beim Birner« in Mettenham

Der süße Abstecher lohnt sich!

Beim Wanderparkplatz an der B307 haben wir die Umrundung zur Hälfte geschafft. Wir biegen rechts ab auf einen breiten Wanderweg, den auch die Biker mögen, doch die Begegnungen mit ihnen bleiben friedlich. Nach 1 Kilometer zweigt ein kleiner Pfad nach links ab, er führt uns am Rand vom Mettenhammer Filz, einem naturgeschützten, kleinen Hochmoor, zum Gasthaus »Zellerwand«. »Beim Birner« wird es auch genannt und ist bekannt für seine gepflegte Küche, doch nach unserer Brotzeit in »Kanada« ist uns jetzt mehr nach Kaffee und etwas Süßem. Zum Beispiel Zwetschgenpavesen mit Vanillesoße – göttlich! Im Kastanienschatten an der Hauswand sitzt es sich angenehm, den Straßenverkehr überhören wir heute einfach mal.

Gasthof »Zellerwand« (»Beim Birner«), Raitener Straße 46, 83259 Schleching / Mettenham, www.gasthof-zellerwand.de

Wellness-Wasser für müde Füße

Zurück auf dem Weg um den Buchberg gönnen wir uns noch eine kleine Pause an einer Stelle, wo der Raitener Bach aus der Filz kommt und eine Bank mit Platz für die ganze Familie steht. Die Füße im flachen Moorwasser, den Blick hinauf in die Bäume und nur der Stille lauschen, das ist Chiemgau-Wander-Wellness! Bald danach sind wir wieder an der Weggabelung vom Vormittag. Der Rundweg ist damit geschafft, bleibt nur noch das kurze Stück bis zum Parkplatz in Raiten. Die kleine Kirche wartet noch auf uns und dann ist der Buchberg-Tag fast schon zu Ende. Im Gegensatz zum Kailash lässt sich unser Rundweg übrigens beliebig oft wiederholen, auch in der Gegenrichtung.

Der Buchberg und das Raitener Fenster: geologischer Rundblick in die Eiszeiten

Neugierige fragen sich, was so ein 3 Kilometer langer, recht schmaler und steiler Bergrücken in einem Wildflusstal sucht, wo doch der Achengletscher während der Eiszeit hier kräftig am Werk war. Der Geologe Robert Darga vom Naturkunde-

Das »Raitener Fenster« mit Vorhang

und Mammut-Museum in Siegsdorf weiß die Antwort: Der Buchberg, mit 661 Metern Höhe rund 100 Meter über dem Talgrund, besteht aus hartem Hauptdolomit, so wie Teile der umgebenden Berge. Damit zählt er zu den Rundhöckern, »isoliert aus dem Untergrund aufragende und verrundete Felskuppen«. Das Fließen des Gletschereises hat sie geformt. Solche Rundhöcker sind zum Beispiel auch der Festungsberg in Kufstein und der Mönchsberg in Salzburg. Und noch eine erdgeschichtliche Besonderheit weiß Dr. Darga: Der Buchberg ist Teil der Umrandung eines geologischen Fensters, durch das man durch die »Lechtal-Decke« (entstanden vor 110 Millionen Jahren) auf die darunterliegende »Allgäu-Decke« (entstanden vor 97 Millionen Jahren) schauen kann wie an der B307 zwischen Raiten und Schleching, wenn auch nur durch einen neuzeitlichen Maschendrahtvorhang unserer Straßenbauer. In diesen Decken, also den Schichten von Faltengebirgen, entstehen derartige Fenster durch die Erosion, am ehesten in Flusstälern, die quer zur Faltenrichtung verlaufen. Wie eben auch die Tiroler Ache, die für die Fachleute das »Raite-

Mettenhamer Filz

ner Fenster« öffnete, während wir als Laien nur staunen können über die zutage tretenden Zeiträume. Nur 10 000 Jahre alt ist dagegen das Mettenhamer Filz, an dessen Rand wir zum »Birner« gewandert sind und uns doch tatsächlich eine ganze Stunde Zeit für einen Kaffee genommen haben.

🏛 Mit der Maus am Hochaltar: die Wallfahrtskirche in Raiten

Nur ein paar Minuten bergauf sind es bis zur Kirche mit dem spitzen Turm. Wir öffnen die schmiedeeiserne Tür in der Friedhofsmauer und staunen erst einmal: keine üblichen Kieswege, stattdessen ein durchgehendes Graspolster, quasi Gräber auf der grünen Wiese. Nur traditionelle Grabkreuze ringsum und dazu überall üppig blühende Rosen – ist es unpassend, wenn uns die Szenerie heiter stimmt? In die Kirche geht es durch den Turm und im Vorraum stehen wir vor einem großen Votivbild, das die »Dorfschafft von Raitten« nach einem Großbrand im Jahr 1782 der Madonna zu den sieben Linden »zum Andenken« hat malen lassen. Doch von aktiver himmlischer Hilfe ist nichts zu lesen, die vielen eilenden und mit Eimern löschenden Raitener waren damals selbst recht aktiv, wohl nach dem Motto: »Hilf dir selbst, dann hilft dir Gott.« Die

Raitener Friedhofsidylle

ehemals romanische Kapelle, angeblich der Rest einer Burg, stand im Hochmittelalter unter dem Patronat der Gertrud von Nivelles, der man große Macht gegen die Ratten- und Mäuseplage nachsagte. Mit einer Maus steht sie heute noch im Hochaltar, direkt über der Madonna. Mit dem Fernglas kann man durchs Gitter das graue Tierchen sehen, wie es am Stab der Äbtissin hinauf will, von der Heiligen aber lässig mit zwei Fingern daran gehindert wird. Ihrer Nachfolgerin Maria wird jedes Jahr an Christi Himmelfahrt eine besondere Aufwartung gemacht: Viele 100 Trachtler aus Bayern und Österreich ziehen zu ihr hinauf, ein prächtiges Schauspiel, das viele Besucher anzieht. Meist scheint dabei auch die Sonne, eine der beiden Heiligen sorgt dafür.

Ein Platz zum Abheben: der Segelflugplatz in Unterwössen

Um den schönen Tag im Achental entspannt ausklingen zu lassen, gibt es einen speziellen Ort: den Segelflugplatz in Unterwössen. »Über den Wolken« – Reinhard Mey haben wir alle noch im Ohr – wird hier die »grenzenlose Freiheit« von denen überprüft, die das gelernt haben. Wir können ihnen dabei zuschauen, auch

Segelfliegen und darüber reden ...

wenn sie dabei meist unter den Wolken bleiben. Die Deutsche Alpensegelflugschule, kurz DASSU genannt, hat hier ihren Flugplatz. Und ganz wichtig: Hier gibt es einen Biergarten, »Fliegeralm« genannt, direkt an den Startplätzen! Da stehen sie bei gutem Flugwetter Schlange, die bunt bemalten Veteranen neben den eleganten Hochleistungsgeräten. In Minutenschnelle zieht die Seilwinde einen nach dem anderen bis auf 500 Meter Höhe steil nach oben, dazu kommen die Schleppstarts mit dem Motorflieger, das gleichzeitige Kurven von drei bis vier Maschinen zwischen den Berghängen und die mehr oder weniger geschickten Landungen. Hier wird es nicht eine Minute langweilig, doch eines fällt dabei auf: die ansteckende Lässigkeit aller Akteure. Nicht die kleinste Hektik ist zu merken bei Piloten, Helfern oder Fluglehrern. Auf uns Zuschauer in der Fliegeralm wirkt das wie eine nachhaltige Therapie gegen Alltagsstress. Dazu noch die gute Currywurst und das frische Fliegerwasser, Spezialrezept der Wirtin Michaela Mix, und die Stunden vergehen – wie im Flug.

»Fliegeralm«, Streichenweg 40, 83246 Unterwössen, 0173/9338488

Erdgeschichte und Ewigkeitsweg durch die Kendlmühlfilzen

Route: Rottau – Übersee – Grassau – Rottau
Länge: 7 bis 10 Kilometer (variabel)
Gehzeit: 2 bis 3 Stunden
Start und Ziel: Rottau, Parkplatz Torfbahnhof
Einkehrmöglichkeit, Schwierigkeit mittel

2 Kilometer südlich vom Chiemsee sind wir heute auf historischem Boden unterwegs. Und das gleich mehrfach: erdgeschichtlich, industriegeschichtlich und auch die bayerische Zeitgeschichte mischt mit. Es wird trotzdem eine sehr entspannte Landpartie, denn wir streifen durch eine Landschaft, die es so kein zweites Mal gibt. Das gilt auch für unseren Startpunkt bei Rottau an der B305, wo wir Richtung »Museum Torfbahnhof« abbiegen. 3 Kilometer fahren wir ohne Hast über ein schmales Sträßchen und dann steht er plötzlich vor uns, mitten im Grünen, der Torfbahnhof: langgestreckt und ganz aus Holz, dreistöckig mit seltsam gestuften Ziegeldächern und doch unverkennbar eine Industrieanlage. Als Museum ist das Bauwerk heute ein Geheimtipp, mit seiner besonderen Aura hat es sogar Maler inspiriert. Familien mit Kindern sollten Zeit mitbringen und den Besuch des Torfbahnhofs besser ans Ende der Unternehmung legen. Parken darf hier trotzdem jeder, so lange er möchte. »Später fahren wir mit der Bockerlbahn, ganz bestimmt!«

Vorab schon mal ein paar Details, die sich unterwegs gut als Motivation für den eventuell wandermüden Nachwuchs eignen: Zu sehen gibt es – später – eine große Modellanlage, viele uralte Gerätschaften aus dem Torfabbau und eine (fast echte) Moorleiche! Mit der Schmalspurfeldbahn kann man

Bei Renaturierung kommt das Wasser zurück.

Die Feldbahn Molly auf der 80-cm-Spur

durchs Gelände rumpeln und der Shop bietet schicke Basecaps mit dem Aufdruck »Torfbahnhof«.

Museum Torfbahnhof, Bayerisches Moor- und Torfmuseum, Hackenstraße (Am Ende), 83224 Rottau, www.museum-torfbahnhof.de

Torf war früher ein wertvoller Brennstoff, heute ist er unser hintergründiges Tagesthema. Bis der Torf an seinem Bahnhof ankam und verladen wurde, durfte er rund 10 000 Jahre in Ruhe wachsen. Jedes Jahrhundert rund 10 Zentimeter, im Hochmoor der »Kendlmühlfilzen«, und die wollen wir uns heute aus der Nähe genauer anschauen. Hoch- oder Niedermoor, Moos, Filz oder Filzen, wie immer diese Moorlandschaften genannt werden, sie sind viel weniger langweilig, als man denkt. Ihre Nutzungsgeschichte kann sogar richtig spannend sein. Dazu dann später mehr. Erst einmal gehen wir vom Torfbahnhof die breite Schotterstraße nach Osten. Hin und wieder rauscht ein ICE Richtung Salzburg oder München vorbei, doch bald hören wir nichts mehr. Zwischen Bahntrasse und

Auch da unten war mal der Chiemsee.

unseren Weg hat sich ein Streifen Mischwald geschoben, der immer mehr ansteigt und zum Westerbuchberg wird. Die erste Gelegenheit, ihn zu »erklimmen«, verbietet uns die JVA Bernau mit dem Hinweis, dass ihr Gelände per Video überwacht wird. Unter Aufsicht wird hier Viehzucht betrieben, die Rinderherde neben uns hat dabei eine ungewöhnlich großzügige Freiweide. Wir nehmen also 500 Meter weiter den zweiten Abzweig Richtung Berg und Waldrand.

Hier waren Berge mal Inseln

Der Westerbuchberg war einmal, wie sein Nachbar, der Osterbuchberg, eine Insel im riesigen Ur-Chiemsee. Sein hartes Molassegestein, aus dem auch die Herreninsel im heutigen Chiemsee besteht, widerstand dem Achentalgletscher. So ragt er heute rund 80 Meter über dem ehemaligen Seegrund und späteren Hochmoor auf. Im schattigen Mischwald der »Insel« geht es am Südhang zum Teil recht steil nach oben bis zu einem Absatz mit drei Buchen. Wer wissen will, wie es am Nordhang aussieht, könnte hier zu einer Überquerung ansetzen. Das wäre

dann eine Art Querfeldeinunternehmung auf einem wenig begangenen Holzweg, der links abbiegt und sich weiter den Hang hinunterzieht. An einer Markierung geht es rechts abwärts, hier haben die Holzfäller mit ihren Fahrzeugen tiefe Spuren hinterlassen. Unten geht es rechts weiter auf dem Forstweg bis zu einem Asphaltsträßchen, das wieder auf den Berg hinaufführt. An einer Bank können wir in der Ferne den Chiemsee durchs Grün blitzen sehen. Wer es weniger wild haben möchte, geht oben an den drei Buchen einfach weiter, macht Pause auf einer Aussichtsbank und ist um einiges früher »am Gipfel«. Dort steht die kleine Kirche St. Peter und Paul, vor deren Eingang wir einen grandiosen Blick auf die Chiemgauer Berge und die weite grüne Fläche der Kendlmühlfilzen haben. Über die Geschichte der Kirche erfahren wir später mehr. Der Blick auf die Berge erfährt ganz in der Nähe noch eine Steigerung: Die Terrasse des Hotel-Restaurants »Alpenhof« ist nämlich berühmt für ihren Panoramablick. Die Zimmer mit Balkon sind so gut wie immer ausgebucht.

Hotel & Restaurant »Alpenhof«, Westerbuchberg 99, 83236 Übersee
www.alpenhof-chiemgau.de

Panoramablick von der Alpenhof-Terrasse

Wieder bergab und hinein in die Filzen

Ein paar Meter weiter vom »Alpenhof« führt ein schmaler Pfad im Zickzack und teils über Steinstufen binnen 10 Minuten wieder an den Fuß des Berges. Bei einem Gehöft könnten wir scharf rechts abbiegen, dann wären wir nach 3 Kilometern wieder am Torfbahnhof. Um aber die Filzen als besondere Landschaft intensiv zu erleben, lohnt es sich, den doppelt so langen Weg zu nehmen. Der führt am Gehöft vorbei und erreicht als asphaltiertes Sträßchen eine Bachbrücke, vor der wir rechts auf einen schmalen Pfad einbiegen. Am Bach entlang, einem der typischen Entwässerungsgräben am Rand der Filzen, gehen wir bis zur nächsten Brücke, wo wir wieder rechts abbiegen. Auf dem Forstweg kommen wir an einen Abzweig, an dem rechts der »Ewigkeitsweg« beginnt. Nichts weiter als eine schmale Wegspur zwischen Birken hindurch, neben der eine grün überwucherte, breite Schneise läuft. Über deren Sinn und den seltsamen Wegnamen erfahren wir später mehr. Wir gehen jetzt mitten durch die Filzen, eine herrlich ruhige Landschaft, die nach Wald und Pilzen duftet. Das ist zwar nicht das ursprüng-

Moorflora und Ewigkeitsweg

liche Hochmoor, von dem es, abseits der schnurgeraden Wege, nur noch ein paar kleine Flächen geben soll, doch wer seine Sinne schärft, kann in der Fantasie dabei zuschauen, wie die Natur anfängt, aus Vergangenheit und Gegenwart etwas Neues zu machen. Rechts wachsen wild durcheinander Birken, Erlen und Kiefern, die Kenner nennen das Moorwald, links sieht es mehr nach einer verbuschten Heidefläche aus, geradezu wehrhaft unzugänglich, nicht der kleinste Trampelpfad ins Abseits ist zu sehen!

Heidelbeeren im »Zauberwald«
Am nächsten Wegweiser gehen wir nach rechts Richtung Westerbuchberg und hier schaut es wieder ganz anders aus: niedrige Kiefern in lichten Abständen, der Boden dicht bedeckt von Heidelbeeren, in kleinen Tümpeln spielt das Sonnenlicht, Bohlenwege führen über zugewachsene Gräben und die Kids wissen sofort, dass sie hier in einem »Zauberwald« sind. Schade, dass der Weg schon bald wieder Richtung Torfbahnhof abzweigt.

Industriedenkmal Torfbahnhof

🏛 Alte Industrie unter Denkmalschutz: der Torfbahnhof in Rottau

Torf war nach dem Ersten Weltkrieg ein sehr willkommener Brennstoff und Energielieferant. Für seine Verarbeitung und Verladung auf die Bahn errichtete der Bayerische Staat 1920 diese Anlage am Rand der Kendlmühlfilzen. Er sorgte auch dafür, dass die Gefangenen der JVA Bernau für den Torfabbau eingesetzt wurden. Für den Transport von Mensch und Material hat man viele Kilometer Schmalspurgleis durch das Hochmoor verlegt, ihre Reste sind heute begehrte Fotomotive. Ein intaktes Teilstück können die Besucher vom Museum Torfbahnhof noch befahren, gezogen von einer Originalfeldbahnlok. In den 1980er-Jahren drohte der Abriss der Anlage, doch bereits 1988 stand sie unter Denkmalschutz. Der Grund waren das Engagement eines Vereins in Grassau und die technische und bauliche Einmaligkeit des Industriedenkmals. In den Erhalt der Substanz hat der Denkmalschutz viel investiert, doch auch der »Museumsverein Torfbahnhof-Rottau« hat dafür gesorgt, dass Teile der alten Technik funktionsfähig blieben, wie die elektrische Torfballenpresse, die es in dieser Form nur einmal gibt und den Besuchern gerne vorgeführt

Alte Technik zum Anfassen

wird. In einer 17 Meter hohen, offenen und ganz aus Holz errichteten, mehrstöckigen Halle. Diese Art der traditionellen Zimmermannsarbeit sieht man heute nur noch selten. Im Nebengebäude der Anlage sind zahlreiche Gerätschaften aus der Geschichte des Torfabbaus ausgestellt, es wird über Flora und Fauna der Filzen informiert und dann gibt es noch Rosalinde, eine bayerische Moorleiche. Beigesetzt wurde die junge Frau vor rund 600 Jahren im Moor bei Peiting, gefunden hat man sie 1957. Im Museum Torfbahnhof ist eine Nachbildung des Originals zu sehen, das in der Archäologischen Staatssammlung in München aufbewahrt wird. Mehr noch, dazu richtig Grundsätzliches, erfahren wir zum Thema Moor im »Museum Salz & Moor« an der B305 von Rottau nach Grassau. In den Gebäuden des »Klaushäusls« arbeitete im 19. Jahrhundert eine Pumpstation der hölzernen Pipeline, durch die Salzsohle von Reichenhall über Traunstein bis nach Rosenheim geleitet wurde. Im »Klaushäusl« steht ein Exemplar der »Reichenbach'schen Wassersäulenmaschine«. Ein Leckerbissen für Freunde alter Technik und gibt es sogar Vorführungen!

Museum Salz & Moor, Klaushäusl 9–11, 83224 Grassau
www.grassau.de/klaushaeusl

Geniale Pumptechnik aus dem 19. Jahrhundert

Die Natur erobert die Filzen zurück.

Wie die Kendlmühlfilzen gerettet wurde: früher Naturschutz im Chiemgau

Wanderer entdeckten im April 1976, wie im Westen der Kendlmühlfilzen riesige Fräsmaschinen damit begannen, die Landschaft zu zerstören. Der Bund Naturschutz wurde alarmiert, doch schon zwei Wochen später waren 16 Hektar unberührte Moorlandschaft planiert und von kilometerlangen Gräben durchzogen. Eine Gartenbaufirma aus Niederbayern hatte gute Kontakte zur Staatsregierung und bekam von einem Tag auf den anderen die Lizenz zum Fräsen. Torfabbau war zwischen Grassau und Bernau zwar immer schon üblich. Bis in unsere Tage hatten viele Bauern ihren eigenen kleinen Torfstich. Nach dem Ersten Weltkrieg war von den Gefangenen der JVA Bernau der Torfstich maschinell, aber doch immer noch zurückhaltend, betrieben worden. Sie wurden mit der schon erwähnten Feldbahn zu ihren weit entfernten Arbeitsplätzen gefahren und der Rückweg nach Feierabend dauerte manchmal »eine Ewigkeit«. Daher, so heißt es, hat der Ewigkeitsweg seinen Namen. Direkt neben ihm ist noch die ehemalige Trasse der Schmalspurgleise zu erkennen.

Schattige Plätze für Mensch und Tier in den Filzen

Keine Ewigkeit dauerte zum Glück der Aufmarsch der Fräsmaschinen aus Niederbayern. Gegen die bereits entstandene Mondlandschaft bildete sich sehr schnell eine Bürgerinitiative, die den Raubbau an der Natur öffentlich machte. Von einem Skandal und vom »Filz um die Filzen« war die Rede. Erst lange Jahre und viele Gutachten später hatten die Naturschützer Erfolg: 1992 wurde die Kendlmühlfilzen als Naturschutzgebiet ausgewiesen und die Renaturierung begann.

1 Kilometer vom Grassauer Ortsteil Obermoosbach entfernt sieht man auf einer Aussichtsplattform, wie sich die Natur die Filzen zurückerobert. Die Reste der Feldbahngleise sind dafür ein gern fotografiertes Symbol. Im Freigelände des Museums Torfbahnhof ist noch eine der Fräsmaschinen zu sehen, nicht mehr bedrohlich, nur noch rostig.

Zauberspruch mit Ausblick: Peter und Paul am Westerbuchberg

Auch an heißen Sommertagen weht es uns kühl entgegen, wenn wir das niedrige Eichenportal von St. Peter und Paul öffnen. Im kleinen, hellen Kirchenraum sind wir die einzigen Besucher, jetzt können wir uns artig mit einer Kerze für den atemberaubenden

Sehenswerte Fresken als Altarersatz

Blick nach Süden über das Moor Richtung Berge bedanken. Wir stehen in einer der ältesten Kirchen im südlichen Chiemgau, romanisch sind ihre Ursprünge, gotisch die Gewölbe nach dem Umbau um 1400. Auch die 1958 freigelegten Fresken sind aus dieser Zeit, unter ihnen als Besonderheit die 14 Nothelfer im Seitenschiff. Beim Umbau ist der Gemeinde wohl das Geld ausgegangen, sodass nur noch ein als Fresko gemalter Altar möglich war. Eine weitere Besonderheit wurde 1902 auf dem Dachboden entdeckt: ein SATOR-Viereck aus gotischer Zeit. Fünf Worte in Latein mit je fünf Buchstaben stehen als Quadrat untereinander: SATOR / AREPO / TENET / OPERA / ROTAS. Man kann die Worte vorwärts oder rückwärts lesen, von oben oder unten, immer ergeben sich diese fünf Begriffe. Solche aus allen Richtungen lesbare Formeln spielten auf dem Land als Abwehrzauber lange Zeit eine Rolle. Über die Deutung des »Zauberspruchs« gibt es viele Theorien, wie uns die Tafel links vom Eingang erklärt. Keine davon ist für die Bäuerin vom Hof nebenan wichtig, sie sperrt nur in der Früh die Kirche auf und auf d'Nacht wieder zu. Die 14 Nothelfer haben ein Auge darauf, dass zwischendurch nichts passiert.

Entlang der Weißen Traun mit Blick in die Berge

Route: Siegsdorf – Eisenärzt – Ruhpolding – Siegsdorf
Länge: ca. 10 Kilometer
Gehzeit (bei Rückfahrt mit der Bahn): 2 bis 3 Stunden
Start und Ende: Siegsdorf Bahnhof
Einkehrmöglichkeit, Schwierigkeit leicht

Leicht zu gehen und dennoch abwechslungsreich ist die Landpartie von Siegsdorf nach Ruhpolding, durch Auen, auf Hochtälern, entlang alten Kulturlands mit vielen Bräuchen und bäuerlichen Strukturen. Start ist der Bahnhof Siegsdorf, wo wir via Zug aus Traunstein ankommen oder davor, im Abschnitt für Langzeitparken, das Auto stehen lassen.
Weil ein bissl Kultur zu Beginn nicht schadet, statten wir dem Naturkunde- und Mammut-Museum Siegsdorf einen Besuch ab. Der Weg ist vom Bahnhofparkplatz aus gut ausgeschildert und das Ziel ist zu Fuß keine 5 Minuten später erreicht.

🏛 Naturkunde- und Mammutmuseum Siegsdorf

Als das drittgrößte Naturkundemuseum Bayerns verzeichnet das Naturkunde- und Mammut-Museum Siegsdorf jährlich einen Besucherstrom von über 50 000 Gästen. Das nicht staatliche Museum wurde 1995 eröffnet, 20 Jahre nach einem spektakulären Fund, den zwei Schüler 1975 gemacht hatten: Mammutknochen im von Siegsdorf nicht weit entfernten Gerhartsreiter Graben. An derselben Stelle fand man außerdem noch Knochen von Höhlenlöwen, Riesenhirschen, Urrindern und Wollnashörnern. Rund 45 000 Jahre Blick in die Siegsdorfer Geschichte wurden hiermit geöffnet, denn Siegsdorf liegt auf einer geologisch hoch spannenden Stelle. Vier Meere haben hier Ablagerungen hinterlassen, die wandernden Kontinente schoben diese einstigen Meeresböden zu

Ein glasklares Paradies für Fliegenfischer ist die Weiße Traun bei Siegsdorf. 37

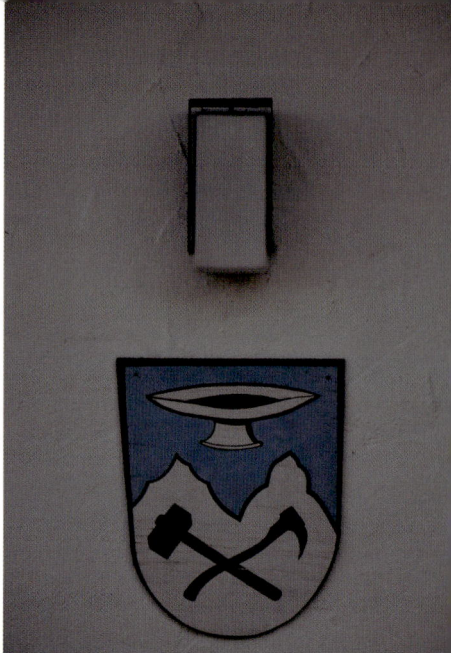

Die Heutauer Trachtler fangen früh an. Vom Bergbau erzählt Siegsdorfs Wappen.

den Alpen auf. Die Eiszeit schuf sumpfige Stellen, Seen und Flusstäler. Aus einer dieser wasserreichen Stellen, die damals auch bereits von Menschen besiedelt waren, wurde einer der wichtigsten naturkundlichen Fundorte Europas. Heute wird das Mammutmuseum von einem Förderverein mit immer neuen Exponaten ausgestattet. In Dauer- und Sonderausstellungen vermittelt das Museum einen Blick auf 250 Millionen Jahre geologischer Geschichte Südostbayerns. Die übersichtliche Größe und die Art der Exponate machen das Museum zu einem beliebten Ausflugsziel für alle Generationen.

Südostbayerisches Naturkunde- und Mammut-Museum, Auenstraße 2, 83313 Siegsdorf, www.museum-siegsdorf.de

----

Gleich im Anschluss an den Museumsbesuch kann man auf der anderen Seite der Weißen Traun, am Kreisverkehr, in der Eisdiele noch eine ganz andere Eiszeit erleben, mit köstlichen Sorten im Eisbecher oder Waffel. So gestärkt gehen wir die 5 Minuten zurück zum Bahnhof und schlagen zunächst auf dem

Gehweg neben der Hauptstraße die Richtung nach Ruhpolding ein. Bald schon wechselt der Gehweg auf den Uferweg der Weißen Traun, die uns mit ihrem glasklaren Wasser entgegenfließt. Die Weiße Traun ist ein Zusammenschluss aus Seetraun und Fischbach, die sich beide im Ortsteil Laubau bei Ruhpolding vereinigen und so zum fischreichen Strom werden, der besonders von Fliegenfischern geschätzt wird. Im Ortsteil Höpfling, der eine eigene Bahnstation besitzt, wechselt der Gehweg auf die Westseite des Flusses. Eine kleine Kapelle an der Brücke bezeugt, dass man schon früh die guten Geister oder den guten Geist anrief, um den Fluss gnädig zu stimmen und sämtliche Arbeiter und Arbeiterinnen rund um den Fluss vor Unbill zu schützen. Mühlen, Sägen, Holzbeförderung – die Weiße Traun war eng mit der Lebenswirklichkeit der früheren Talbewohner verknüpft, wovon so manche Wegmarke noch erzählen wird.

Landart und Kneippen

Zunächst geht es aber an Staustufen vorbei, denn schließlich kann die Weiße Traun einen ziemlichen Schub machen, wenn die Schmelzwasser kommen oder Starkregen den Fluss ansteigen lässt. Die Traun-Auen fangen zwar manches auf, aber ohne Regulierung geht es nicht. Das beschert uns einen schönen Dammweg, den man mit ein wenig Freestyle erklimmt und der dann einen herrlichen Blick ins kristallklare Wasser mit seinen veritablen Forellen bietet. An hochsommerlichen Tagen kann man hier sogar ein kleines Bad wagen. Tief genug ist es, man muss nur unempfindlich gegen niedrige Temperaturen sein – auch im heißesten Sommer bleibt der Gebirgsfluss recht frisch. Bald nach dem Dammweg überqueren wir eine kleine Brücke, von der sich an besagten warmen Tagen die Dorfjugend in den Fluss stürzt. Weniger gefährlich geht es ein paar Meter weiter zu, in der sehr

Bei Schmelzwasser wird die Weiße Traun wild und nutzt ihre Auwälder.

Sobald die Weiße Traun gestaut ist, verwandelt sie sich zum grünen Zauberteich.

Erst kalte Füße, dann kalte Dusche zwischen Siegsdorf und Eisenärz

gepflegten Kneipp-Anlage, die von Radlern und Fußgängern gern als Zwischenstopp genutzt wird.

Grün und gruselig
Auf dem sogenannten Traun-Alz-Weg wandern wir durch sumpfige Auenlandschaft, entlang geologischer Besonderheiten wie einem kleinen Wasserfall auf Kalkablagerungen, die weiß unter dem strömenden Wasser schillern und an den Rändern von leuchtendem Moos in allen Grüntönen gesäumt sind. Der steile Hangabbruch rechter Hand scheint fast so etwas wie ein Blick in die Erdgeschichte und man staunt nicht schlecht, wenn plötzlich über einem ein Drache auftaucht. Bei näherem Hinsehen entpuppt sich der Lindwurm allerdings als pittoresk hingeworfenes Totholz, das durch Verwitterung zu einer kolossalen »Land Art« geworden ist. Wer den Blick mehr auf den Boden heftet, wird Pilze, Farne und ein paar Orchideenarten entdecken. In den sumpfigen Altwassern quaken Frösche sowie Libellen und Schmetterlinge bevölkern das märchenhafte Auenbiotop. Nach einer Viertelstunde grünem Staunen und schat-

»Land Art« oder bizarre Natur? Zum Erschrecken reicht das hingeworfene Wurzelwerk.

Neben der Weißen Traun haben eine Bahnstrecke, satte Wiesen und Forellenteiche Platz.

Spiegelnde Teiche beim Forellenhof. Der Höhenweg spendet Schatten.

tigem Wandern öffnet sich die Landschaft, sobald der Wanderweg zur Grubstraße wird. In Grub wenden wir uns nach rechts, Hang hoch und biegen bald linksherum in den kleinen Wanderweg Richtung Maria Eck ein. Man kann natürlich auch unten auf der Straße, Richtung Eisenärzt, weitergehen, damit bringt man sich aber um eine bezaubernde Passage, die hinter dem »Forellenhof« herauskommt und vorher noch die Aussicht auf die Forellenzuchtbecken und das blumengeschmückte Gasthaus bietet. Wir wandern wieder talwärts, am »Forellenhof« vorbei über die Gleise.

Die Idylle wird jede Stunde durch den Warnpfiff der Lokalbahn von Siegsdorf nach Ruhpolding unterbrochen.

Aber Achtung! Die herannahende Regionalbahn gibt, wenn sie sich nähert, einen lauten Pfiff ab, der durch Mark und Bein geht, der bei den Bahnübergängen allerdings auch nötig ist. Eine schmucke Holzbrücke, die direkt aus einer Mittelalterverfilmung zu stammen scheint, führt ins Zentrum von Eisenärzt.

Die Bemalung der Bauernhäuser nimmt die Farben der Natur auf.

Blumenschmuck gibt's in Eisenärzt gemalt und in echt.

Häuser wie gemalt

Hier müssen wir ein kleines Stück an der Hauptstraße entlang und dabei trifft Neuzeit auf Historie: Wunderschöne denkmalgeschützte Bauernhäuser, deren Giebelbalken zum Teil kunstvoll bemalt sind, stehen rechts und links entlang der Straße, auf der leider quasi unaufhörlich der Verkehr donnert – schließlich ist dies der Hauptzubringer zwischen Siegsdorf und Reit im Winkl. Wenn man sich auf die Bauwerke konzentriert, dann kann man die CO_2-Belastung kurz vergessen.

🏛 Eisenärzt

Rund 500 Jahre lang, zwischen 1341 und 1878, wurde in Eisenärzt in drei Hütten Eisen gewonnen und in die Salinen nach Reichenhall und Au bei Traunstein verkauft. Als Ende des 19. Jahrhunderts die Hütten schließen mussten, fiel der Ort in einen kurzen Dornröschenschlaf – doch schon bald brachte der Ausbau der Bahnstrecke die ersten Touristen ins Tal und so auch nach Eisenärzt. Im heutigen Luftkurort zeugt ein reges Vereinsleben von der einst mächtigen Industriegemeinde, in der

Eine Spezialität der Gegend: Volkskunst an den Balken und schwungvolle Schriften.

es ein respektables Bauerntheater, eine über 200 Jahre alte Freiwillige Feuerwehr, einen Schützen-, Trachten- und Heimatverein sowie einen Skiclub gibt. Durch neu ausgeschriebenes Bauland, vor allem in der Gemeinde Högering, hat sich hier eine Erweiterung des Dorfs ergeben. Ein wirkliches Kleinod bildet das Ensemble aus denkmalgeschützten, historischen Bauernhäusern des 18. und 19. Jahrhunderts entlang der Dorfstraße. Hier bieten die Satteldächer, die Lauben und Giebelformen, die Bemalungen und die Türstöcke aus Rotmarmor einen Einblick in bäuerliche Architektur aus 300 Jahren.

Am Maibaum steht ein Dorfbrunnen, in dem wir unsere Trinkwasserflaschen auffüllen, dann geht es die Bergstraße steil hoch, bis sich die Hochebene auftut mit dem beschaulichen Neubaugebiet von Eisenärzt. Bald schon zweigt der reine Wanderweg ab in den Miesenbachweg, der erst durch Wald, dann über Wiesen, sonnig und licht, führt und bald den Blick in die Berge freigibt. An der Weggabelung nehmen wir die Abzweigung nach Vordermiesenbach, einfach, weil wir länger in dem sonnenverwöhnten

Leichte Steigungen genügen für ein breites Panorama.

Hochtal bleiben wollen. Der Alternativweg führt schattig sowie auf und ab entlang der Traun – welchen Weg man wählt, ist letztlich Geschmackssache. Und wer die Strecke hin- und zurückgehen will, statt retour mit der Bahn zu fahren, der nimmt mal die eine, mal die andere Variante.

Bilderbuchblicke

Die Strecke nach Vordermiesenbach ist das, was man als Bilderbuchweg bezeichnen kann. Links Kühe, rechts Kühe, dazwischen Wildblumenwiesen, Hügel und der freie Blick, einmal auf den Zinnkopf, der schattig fichtengrün eine gute Trennsilhouette zum strahlend blauen Himmel bildet, und dann gen Süden ins Ruhpoldinger Tal mit Rauschberg und Co in pastelligen Abstufungen. Herrlich! Und viel mehr braucht es zur Lufterholung auch nicht. Dass man den gesamten Weg auch gut mit Kinderwagen gehen kann, macht einen weiteren Reiz aus. In Vordermiesenbach selbst sind es einmal wieder die Häuser und Bauerngärten, die entzücken, und mit ein wenig Glück kommt man mit den sehr freundlichen Bewohnern

Die Sonnenlagen und viele grüne Daumen garantieren ein Blütenmeer.

Das historisch gewachsene Bauernland beeindruckt durch mächtige Höfe.

ins Gespräch – immer lohnend in dieser geschichtsträchtigen Gegend. Nur ungern verlassen wir diesen idyllischen Ort, aber wir wollen ja auch noch irgendwo einkehren und Ruhpolding ist nicht mehr weit. Auf der Miesenbacher Straße gelangen wir nach Ruhpolding in den Ortsteil Speck, folgen dort noch ein wenig der kaum befahrenen Straße, bevor wir nach rechts zum Wanderweg entlang der Weißen Traun abbiegen, wo uns wieder einmal deren fast türkis schillerndes Kristallwasser fasziniert. Am Bojernsteg schwenken wir erneut auf die Miesenbacherstraße Richtung Brandl und »Brandler Alm« – auch weil »Alm« nach kleinem Bergglück klingt und die Angabe von 20 Minuten Wegdauer machbar scheint. Dass es dann deutlich weniger Gehzeit, aber dafür zackige 50 Höhenmeter sind, nehmen wir zum Anlass für eine Belohnung. Und die gibt's dann wirklich in der »Brandler Alm« mit dem wohl schönsten Blick in alle Richtungen auf die Alpen und mit den Kirchturmspitzen als kleinen Orientierungshilfen im Dächergewimmel von Ruhpolding. Eine überdachte Veranda, ein Biergarten und natürlich Innengastronomie erzeugen Bergfeeling mit Kaiserschmarrn.

In Ruhpolding eigentlich eine türkise Traun. Zur »Brandler-Alm« muss man einkehren.

Die Lokalität ist aber auch mit dem Auto zu erreichen. Wir aber haben ja bereits gut 10 Kilometer hinter uns und lassen uns recht zufrieden in der Sonne nieder.

Nach der Pause führt ein recht steiler Pfad direttissima von der Alm hinunter zum Mayer-Hias-Weg, wo wir an der Kreuzung die Weiße Traun erneut überqueren. Über den bald nach rechts abzweigenden Parkweg gelangen wir zur Urschlauer Ache, die man an der Brücke zum zentralen Kreisverkehr überwindet. Nach so viel friedlicher und menschenleerer Route kommt einem das quirlige Dorfleben von Ruhpolding fast ein wenig knallig vor. Cafés, Bars, Konditoreien. Im einstigen Top-Fremdenort ist in den letzten Jahren wieder ein sehr gepflegtes, munteres Ferienfeeling – und das mit großem Hang zur Nachhaltigkeit – entstanden. Es lohnt sich, den Ort zu besichtigen, bevor man am wunderschön restaurierten Bahnhof die stündlich verkehrende Lokalbahn zurück in Richtung Siegsdorf und Traunstein nimmt.

»Brandler-Alm«, Brandler 1, 83324 Ruhpolding, www.brandleralm.de

Weitblick von der »Brandler-Alm«

🏛 Ruhpolding

Urkundlich erwähnt ist Ruhpolding, das unbedingt auf der ersten Silbe betont wird, bereits kurz vor dem Jahre 1000. Auch hier wurde jahrhunderte lang Eisen geschürft. In den 1930er-Jahren hatte ein findiger Tourismuschef die Idee, Pauschalreisen in den Alpenort anzubieten. Bis weit in die 1990er-Jahre lebte Ruhpolding von seinem bezahlbaren Hotelangebot winters wie sommers, mit Kuren und Freizeitmöglichkeiten für alle Konditionsniveaus. Mit dem Aufkommen des globalen Tourismus verlor der Ort seine Bedeutung. In den letzten Jahren sind Dank großer Anstrengungen in Richtung naturnahes und nachhaltiges Urlauben, samt Rad-, Wander- und Skimöglichkeiten sowie einem sehr behutsamen Renovieren des pittoresken Ortskerns, die Besucherzahlen wieder erfreulich hoch. Tatsächlich scheint der Ort, der mit dem neuen Umgehungstunnel im Zentrum eine Verkehrsberuhigung erfahren hat, zu neuem Glanz auferstanden. Neben den unendlich vielen Sportangeboten, die vom Wellenbad bis hin zu Hunderten von Kilometern Langlaufloipen reichen, vom Paragleiten vom Rauschberg bis hin zum Golfen, Klettern, Alpinskifahren und natürlich Wandern in allen Schwierigkeitsgraden, hat

Ein wenig wie Sommerfrische vor 150 Jahren, Ruhpolding hat Charme.

Ruhpolding auch für das Auge einiges zu bieten. Die Baudenkmäler aus dem 17., 18. und 19. Jahrhundert stehen dicht an dicht. Bemerkenswert ist die reiche Lüftlmalerei an vielen Gebäuden wie etwa dem Rathaus. Im ehemaligen Jagdschloss, einem der ältesten Bauten des Orts, ist das Heimatmuseum untergebracht. Die Glockenschmiede erzählt von früher Handwerkskunst und die Barockkirche St. Georg mit ihrer exponierten Lage ist vom bayerischen Hofbaumeister Johann Baptist Gunetzrhainer (1692–1763) erbaut worden. Das wahre Sommerfrische-Flair erzeugen die im Chiemgau-Salzburgstil erbauten Häuser der Hauptstraße, zum Beispiel das Café »Chiemgau«. Hölzerne Lauben und Balkone in Cremefarben erzählen von einer Zeit Anfang des 19. Jahrhunderts, als die Menschen gemächlich luftkurten und Orte wie Ruhpolding Zentren des Slowmove waren. Vielleicht eine Sportart, die es wiederzuentdecken gilt.

Wenn man sich den 2016 renovierten historischen Bahnhofsbau ansieht, kann man sich das Reisetreiben in den vergangenen 120 Jahren gut vorstellen. Der kleine Sackbahnhof, der Ruhpolding mit der Welt verbindet, ist auch unsere letzte Station

Selbst die Bettwäsche ist in Ruhpolding stilecht.

auf der Wanderung. In 10 Minuten sind wir mit der Lokalbahn zurück am Parkplatz Siegsdorf. Und weil man eine Tour mit einem Kuchen abschließen soll, begeben wir uns noch in den Kurpark von Siegsdorf entlang der Traun. Dort findet man nahe der Minigolfanlage, ein kleines Beisl, das »Kuachà Platzl«, mit täglich wechselndem Kuchenangebot.

Terrassen-Café »Kuachà Platzl«, Theresienstraße 29, 83313 Siegsdorf

Belohnung zum Schluss

Weil am Traunweg in Siegsdorf so schön die Geschichte des ehemaligen Flussbads beschrieben ist, lohnt sich im Sommer auch ein Abstecher ins Freibad von Siegsdorf, das neben der Autobahnauffahrt Richtung München liegt. Das Bad wurde komplett renoviert und 2021 wieder eröffnet. Hier kann man herrlich erfrischt den Tag ausklingen lassen oder man schwenkt gleich vom Bahnhof aus ins Café Senses neben dem Rathaus ein, wo man auf der Terrasse oder drinnen gut sitzt.

»Café Senses«, Rathausplatz 1, 83313 Siegsdorf

Eine stramme Dreiseenrunde oder drei Ausflüge zu Seeidyllen

Route: Inzell – Frillensee – Falkensee – Krottensee – Inzell
Länge: ca. 14 Kilometer
Gehzeit: ca. 6 Stunden (ohne Aufenthalte)
Start und Ende: Badepark Inzell
Einkehrmöglichkeit, Schwierigkeit mittel

Wir könnten natürlich auch gleich mit einem Highlight beginnen, aber das heben wir uns für später auf. Am Badepark Inzell, wo man sowohl öffentlich als auch mit dem Auto gut hingelangt, wollen wir starten. Von Mai bis September ist hier das wunderbare Naturbad Inzell täglich geöffnet, allerdings muss man unerschrocken gegenüber saisonalen Wassertemperaturen sein, sonst wird es auch im Sommer recht frisch dort. Der Blick aus dem Wasser in die Berge entschädigt aber für kleine Kälteschocks.

🚌 Naturbad Inzell

In den 1960er-Jahren war Sichtbeton ultraschick. Und es war das Jahrzehnt der Schwimmbäder, schließlich war die Adria weit weg und Mallorca erst recht. Kurorte, die etwas auf sich hielten, bauten einen dicken Klotz in die Ortsmitte, ungeachtet der Bausünde, die das dann meist war. Dieser Trend setzte sich bis weit in die 1970er-Jahre fort und verschandelte so manchen Ortskern von Berchtesgaden bis Ruhpolding. Inzell nahm sich nicht aus. Erst die Eishalle, dann das Bad. Betonbauten wie Berge, so auch das Freibad Inzell, das zwar über ein Becken groß wie zwei Fußballfelder verfügte, aber gleichzeitig als schönes Beispiel des architektonischen Brutalismus herhielt. Rutschen wie Kipplaster, ein Sprungturmbunker und zum Liegen Betonplatten. Dahinter eine Traumkulisse: der Gipfel des Zwiesel, der waldige Falkenstein und die Hügelkette der Voralpen plus Kirchturmspitze und Kurpark. Ja, vielleicht gab den

Der Blick nach Einsiedel entschädigt für die lange Gehzeit dieser Tour.

Belohung pur: das Naturbad Inzell

Ausschlag der Kurpark, der auch ein wenig in die Jahre gekommen war. In den 2000er-Jahren regte sich der Volksunmut und einige Architekten, Politiker und Künstler taten sich zusammen. Sie entwickelten ein Konzept, nicht nur für den Kurpark mit Sole-Kneipp-Becken, sondern auch für den Badepark, so einer sollte es nämlich werden. Die Becken wurden geflutet, die Ufer ökologisch bearbeitet. Herausgekommen ist ein 10 000 Quadratmeter großer Naturbadesee mit Schilfgürtel, ungechlort und ungeheizt, samt sanft welliger Liegewiesen, Holzstegen und Brücken über Seerosen, sowie einem moderaten Sprungturm. Nur über die Gebäude des Hallenbads und der Umkleidekabinen muss man hinwegsehen, die sind aus der alten Ära übrig geblieben, haben aber jetzt schon wieder Retrocharme. Im See gibt es gekieste Nichtschwimmerufer, ein Ponton, auf dem sich die Jugend trifft, Imbissstüberl mit Hausmacherkuchen und einen guten »Italiener« auf dem Dach des Bads, von wo aus man den Tauchschülern, die sich auch im See tummeln, beim Schnorcheln zusehen kann. Gegen Abend, wenn sich das Bad leert, kehren die Enten zur Nachtruhe zurück. Ist ja ein Naturbadesee.

Badepark, Schwimmbadstraße 12, 83334 Inzell

Gastronomie für neue Feriendörfer in Inzell

Auf die Höhe

Wir folgen ab dem Badepark der Lärchenstraße in Richtung Reith, der Wanderweg ist ausgeschildert. Zunächst geht es durch gepflegte Straßen, die von Pensionen und Apartmenthäusern gesäumt sind. Hier sieht man an der Architektur, dass Inzell einmal in den 1960er- und 1970er-Jahren seine Hochzeit hatte – an die es heute, nach der Wiederentdeckung der nahen Heimat, wieder anschließen kann. Bald schon, nach dem schmucken Alpenhotel »Das Bergmayer«, eröffnen sich grüne, leicht ansteigende Matten, die man ohne Not als puren Postkartenkitsch bezeichnen könnte, so romantisch sanft gibt sich hier die Landschaft. Da und dort ein Stadel, ein schmucker Garten oder eine tierhaltende Landwirtschaft säumen unseren Wanderweg, der durch die Weiden mäandert, immer in Richtung Adlgass. Im Ortsteil Brenner befinden wir uns bald auf einer kleinen Anhöhe, die zum Schusterbauern gehört, einem Hof mit einer imposanten Linde samt kleiner Kapelle und einer wunderbaren Ausruhliege mit Blick ins Inzeller Tal, was an sich schon die ganze Tour lohnen würde. Die kleine silberne Tafel an der Rückwand der Brenner Ka-

Eine berühmte Linde, unter der man sitzen kann, um den weiten Blick zu genießen.

pelle klärt uns darüber auf, was es mit diesem frommen Ensemble auf sich hat. Hier standen einst zwei Linden, gepflanzt 1860 anlässlich der Kapelleneinweihung. Philipp Grill dankte mit Kapelle und Bäumen für die gesunde Rückkehr von seiner Pilgerreise nach Jerusalem, wo er um reichen Kindersegen gebeten hatte. Die ursprünglichen Linden stehen jetzt nicht mehr. Der Großvater des heutigen Schusterbauern ließ nach dem Ersten Weltkrieg hier eine »neue« Linde aufstellen, die vorher am Dorfplatz in Inzell stand. Wie man es dreht und wendet – die Linde hat hier einen besonderen Stand. Und wenn man die Aussicht noch dazunimmt, dann kann man sich schon wie an einem »Kraftort« fühlen. Also nutzen wir unsere frisch getankte Kraft zum Wandern und marschieren in Richtung Osten weiter. Am Holz- und Sägewerk Spannring überqueren wir auf einem romantischen Holzbrückerl den Großwaldbach und die Adlgasser Straße, vorbei am Sterrhof, immer in Richtung Einsiedel vorbei. Zwar führt uns der Weg auf der Straße, aber die ist so wenig befahren, dass es sich gut anfühlt, und die Blicke rechts und links würden eh entschädigen. Nach einer leichten Anhöhe, auf

Saubere Kapelle mit tierischer Bewachung: die Brenner Kapelle.

der wir Showbilder von Kühen vor der Kulisse des Falkenstein machen können, erreichen wir Einsiedel und haben den ersten kulturellen Höhepunkt erreicht, der einen gar nicht so schönen Ursprung hat. Diese prächtige Anlage von Bauernhof und Kirche ist nämlich einem großen Unglück zu verdanken.

🏛 Die »Schmalzbuße« – St. Nikolaus in Einsiedel

In dieser Gegend, östlich von Inzell, sind die Besitzverhältnisse in den letzten 1000 Jahren recht munter hin- und hergesprungen, mal gehörte sie zu Salzburg, dann wieder zu Bayern. Kein Wunder, denn schön ist es hier bei St. Nikolaus, jener Kirche, die es nur gibt, weil ein großes Unglück gebüßt werden sollte. Luitpold II., Graf von Plain, hatte in seinem Machtbestreben im Jahr 1167 mit seinen Soldaten Salzburg quasi dem Erdboden gleichgemacht. Und weil das schon damals nicht der Stil war, sich auf diese radikale Art Gebiete, zumal solche einfluss- und handelsreichen, zu erobern, wurde der Mann zu lebenslanger Buße verbannt: eben nach Einsiedel, einem damals wirklich einsamen Örtchen am Fuß des Staufenmassivs.

Solche üppige Einsiedelei mag man.

Der Verbannte wurde nicht nur beauftragt, 1177 das Kircherl zu bauen, sondern auch noch einen Einödhof daneben. Man nannte so etwas »Schmalzopfer«, damit »aus dessen Ertrag die Beleuchtung der gedachten Kirche zur Nachtzeit bestritten werden könne«, so Eberhard II., Erzbischof von Salzburg, bei der Einweihung von St. Nikolaus im Jahr 1212. Heute ist der Gutshof in Privatbesitz und immer noch kümmern sich die Besitzer um die Pflege der Kirche. Man sollte, bevor man eine Wanderung auf die nahe Kohleralm oder zum »Forsthaus Adlgaß« unternimmt, unbedingt eintreten in die von einem Schindelwindfang beschützte Kirchenpforte. Eine besondere Aura geht von dem kleinen Gotteshaus aus, da muss man gar nicht besonders gläubig sein – dieser Ort, an dem gebüßt wurde, macht nachdenklich und demütig.

Wer aus dem kühlen Bau heraustritt und entweder auf den kleinen Fischweiher blickt oder nach Westen über das ganze Inzeller Tal, braucht eigentlich nicht viel mehr zum Glück. Vielleicht ist das der Zauber von geschichtlich aufgeladenen Orten? Sie machen etwas mit einem. Und wenn am Einödhof das bunte Blumengehänge die historische Fassade noch ein wenig malerischer macht, dann kann man sich vorstellen, dass die Verbannung für den Kriegsmann nicht nur eine Strafe war. Nehmen

wir das Gute daraus: Aus einem großen Unglück ist ein lange erhaltener Friedensort geworden.

Lockerungsübung Frillensee

Wir könnten von St. Nikolaus aus auch einen Aufstieg zur Kohleralm starten, das ist aber etwas für die Ehrgeizigen unter uns, denn der Aufstieg zieht sich und ist steil und serpentinenreich, doch der Ausblick von der Alm lohnend. Oder wir gönnen uns eben vor unserer Drei-Seen-Landpartie noch eine kleine Aufwärmphase. Entlang am Fischteich zu Einsiedel, der davon zeugt, dass sich hier einmal von dem ernährt werden musste, was die Gegend hergab, entlang eines Weges, der von schwer Früchte tragenden Brombeerhecken gesäumt ist und von artenreichen Almwiesen, die ein Paradies für Insekten sind. Wir wundern uns angesichts der klimatisch günstigen Lage nicht – die Sonne scheint so gut wie den ganzen Tag in dieses Talende, das sich dann zu Gamskogel, Zwiesel und irgendwann Hochstaufen erhebt –, dass bei dem einzigen Anwesen, das am Wegesrand liegt, der Bauerngarten mit seinen ungezählten Tomatensorten prächtig gedeiht. Es scheint das Haus des Försters zu sein, wenn wir die Aufschrift auf dem davor parkenden Auto richtig deuten.

Auf dem folgenden Höhenweg wartet kurz vor Waldbeginn ein Bankerl, das man, wenn man es sich mal gesichert hat, nicht so schnell verlassen sollte. Wer nicht gut zu Fuß ist, verkürzt den Ausflug einfach bis hierher und genießt. Wir aber gehen weiter, entlang am kristallklaren Großwaldbach. Die feuchte Gegend sorgt für prächtige Farne und Moose, die Strecke ist für Hochsommertage wie geschaffen. Vom Berg stürzen weitere Bäche herab, Sumpfdotterblumen bilden gelbe Teppiche und manches Grün von Flechten und Moosen ist von magischer Leuchtkraft. Doch schon nach kurzer Zeit holt uns die Zivilisation wieder ein in Form eines Wanderparkplatzes, der zu Spitzenzeiten schon einmal unübersichtlich voll sein kann. Das liegt an den beliebten Zielen Stoißer- und Bäckeralm, die von dort aus er-

Kühe mit Aussicht auf den Falkenstein

reicht werden können. Wir ersparen uns diese Events, die nur etwas für Menschen mit Nerven sind: Zahllose Mountainbiker, E-Biker und ja, gelegentlich auch Wanderer hetzten da herauf und machen aus den zum Teil historischen Almen wahre Partymeilen. Wer das mag, biegt hier ab. Wir aber ziehen weiter Richtung »Forsthaus Adlgaß« und müssen uns wirklich zusammenreißen, um nicht hier hängen zu bleiben, und die drei Seen Seen sein zu lassen.

🍽 Idylle mit Hochbetrieb – Das »Forsthaus Adlgaß«

Die feschen Adlgaß-Schwestern, die den Gasthof führen, haben früh erkannt, dass regionale Rezepte auch regionale Produkte brauchen. So servieren sie alle Speisen hier heimisch nachhaltig, mit Kräutern aus dem eigenen Garten sowie Dinkelmehl, und derart köstlich, dass man, ähnlich wie später oben am Frillensee, die Zeit vergisst. Rund um das schmucke, in Weiß und Grün gehaltene Gasthaus, grasen Pferde in einem komfortablen Areal, der Bauerngarten liefert vielleicht nicht alles, aber vieles für die durchdachte und doch bodenständige Küche.

Auch so manches Schmankerl kann man mit nach Hause nehmen wie selbst gebrannten Schnaps, Marmeladen, Käse und Kräuter für Tees. Im Sommer sitzt man vor der Tür des ehemaligen Forsthauses aus dem 17. Jahrhundert auf der Wiese an rot karierten Tischen und schaut dem Wolkenspiel am Gipfel des Zwiesels zu, während eine selbst gebraute Limo runterläuft wie nichts. Dass von so einem inspirierenden Flecken Erde einstmals der Salzburger Hoforganist Anton Cajetan Adlgasser (1729–1777) herstammte, glaubt man sofort. Sein Nachfolger an der Salzburger Domorgel war übrigens kein geringerer als Wolfgang Amadeus Mozart. Musikalisch reizvoll bleibt es in diesem Sacktal östlich von Inzell bis heute, nicht nur, weil dort regelmäßig volksmusikalisch aufgespielt wird. Nein, wenn wie hier, Backe an Backe mit Österreich, die nationalen Grenzen verschmelzen, dann zeigt auch das Radiodisplay im Auto das Mischwort »Salzenne« an, ein Mix aus Radio Salzburg und Antenne Bayern. Ganz analog spielen mehrmals im Jahr die »Inzeller Musi« oder die Jagdhornbläser in Adlgaß auf, während im nahen urigen Schießstand die Gebirgsschützen üben. Das hört man bei gutem Wind bis zum stillen Frillensee hinauf.

Das hört man bei gutem Wind bis zum stillen Frillensee hinauf.

Im Winter lockt hier übrigens eine Naturrodelbahn, die es in sich hat. Die Schlitten kann man im »Forsthaus Adlgaß« mieten. Und anschließend kehrt man dort ein, nass geschwitzt von den vielen Aufstiegen zum Rodelstart und kalt gefroren von den zahlreichen Hinfallern auf der stark abschüssigen und manchmal recht eisigen Röhre. Am Kachelofen im Gasthaus wird alles wieder gut.

»Forsthaus Adlgaß«, Adlgaß 1, 83334 Inzell

Die Aussicht, nach der Rückkehr vom Frillensee da erneut einzukehren, lässt uns auf dem »Bergerlebnisweg« in Richtung Frillensee weiterziehen. Wie gute Waldpädagogik funktioniert, kann man hier lernen. Kinder werden diese Wanderung im Handumdrehen gemeistert haben, weil sie die vielen Entdeckerstationen recht spielerisch machen. Dass die Strecke auch der Natur ausgesetzt ist, merkt man an vielen Stellen: Mal sind Abschnitte ein wenig glitschiger oder Schneesturz hat Tafeln, Geräte und Bäume zu Fall gebracht oder der Bach tritt über die Ufer und reißt mächtige Stämme mit sich, die dann bizarre Barrieren bilden. Immer sanft bergauf geht es und wer schlecht zu Fuß ist, ruht sich auf den vielen Bänken immer wieder aus. Der Weg ist das Ziel, hier einmal mehr. Nach dem Queren der Forststraße halten wir uns geradeaus, dem Schild zum Frillensee folgend. Ein Weitspringbecken, das Erwachsene und Kinder reizt, ein Brunnen mit Quellwasser zum Nachfüllen der Wasserflaschen und rechter Hand sanftes Hochmoor begleiten die Strecke bis zu der Stelle, an der der Frillensee auftaucht und wirklich auch die stoischste Natur berühren wird. Hier führt ein Steg durchs Hochmoor und über den See. Die wenigen Bänke sind meist besetzt, also hockt man sich einfach auf die Planken und lässt das Smaragdgrün des Sees wirken, der so bedeutsam für Inzells sportliche Geschichte ist.

🏊 Frillensee

Einige Monate im Jahr bedeckt den flachen See eine Eisschicht, wobei der maximal 7,5 Meter tiefe See ungewöhnlicherweise von der Mitte her zufriert. Schön ist der Ort zu allen Jahreszeiten. Ob mit tief hängenden Wolken in den ihn umschließenden Höhenzügen Teisenberg, Kienbergl und Staufen oder bei knallblauem Himmel, der sich samt Gebirge im spiegelglatten See doppelt.

Der Frillensee ist ein leicht zu erreichendes Paradies, fischreich und das flache Erbe eines einstigen Gletschers, und sein Name leitet sich etymologisch von Forellensee ab.

Bis Anfang der 1960er-Jahre genügte die Natureisbahn den Ansprüchen der Einheimischen, dann bauten die Inzeller ein Stadion und später im 21. Jahrhundert noch eines, wo heute die Weltelite trainiert. Der Frillensee selbst durfte wieder nur er selbst sein – ein Paradies zu allen

1000 Töne Grün kann der Frillensee zeigen, wenn er nicht gerade zugefroren ist.

Jahreszeiten. Dass er früher einmal 800 Meter lang war, sieht man dem Hochmoor an, in das der See westwärts mit zahlreichen Wasserärmchen ausufert.

Dort ergeben zarte Birken, Wollgräser, Binsen und Heiden einen Pflanzenchor, der als Meditation für die Augen die Heilkraft der Höhenluft ergänzt.

Eine magischer Ort

Man wird hier länger verweilen als gedacht, einfach weil der Frillensee ein Vademecum für alle Sinne ist, ein stiller, in sich ruhender grüner Flecken, der selbst den sachlichsten Betrachter zu einem nachdenklichen Menschen macht. Vielleicht umrundet man das Naturkleinod auch noch, um den Blick von allen Seiten zu bekommen. Ein mächtiger Steinabsturz markiert das Ende des Tals. Stürme und ihre Folgen haben das Bild der Landschaft verändert und jedes Jahr aufs Neue bereitet hier im Winter die Schneelast den Förstern mächtiges Kopfzerbrechen. Wer mit einem Fernglas unterwegs ist, wird in den steilen Hängen vielleicht sogar die ein oder andere Gams entdecken. So unberührt wie hier manche Bergflanken noch sind! Die Sportlichen unter uns können natürlich am Frillensee vorbeigehen, weiter zur Steiner Alm über das »Bayerische Stiegl«, also die ehemalige Landesgrenze zwischen Bayern und dem Erzbistum Salzburg, die hier verlief, ganze 600 Jahre lang, ab anno 1257.

Zurück zur Erde

Damit es nicht gar zu esoterisch wird, dafür sorgen die, die das Echo suchen, das beim Abstieg an ganz bestimmten Stellen recht gut funktioniert. Wo, wird nicht verraten, schließlich ist das ein Naturerlebnispfad, bei dem man schon selbst etwas tun muss. Der Rückweg, an dessen Ende wieder das »Forsthaus Adlgaß« wartet, führt uns die breite Forststraße hinab, ein gemächlicher Weg mit schöner Flora rechts und links. An manchen Stellen tritt die lehmige Erde zutage und dann ist es nicht nur für Kinder ein Spaß, die glitschigen Brocken aufzu-

Der Falkensee macht was mit der Seele.

nehmen und zu formen. Bis zum Forsthaus sind meist kleine Kunstwerke fertig.

Wir verlassen die Forststraße an der Stelle der Rodelbahn. Im Sommer nicht sehr steil, ist sie im Winter eine Mutprobe, weil hier gern alles vereist. Sobald wir auf die Almwiese vor dem »Adlgaß« hinaustreten, scheint das Postkartenidyll wieder perfekt und wir lassen uns auf einen der grünen Stühle plumpsen und genießen Forellen, Schnitzel, Wild und Kuchen, serviert auf den rot karierten Tischdecken.

Eines dürfen wir dabei nicht vergessen: Wir haben noch zwei Seen vor uns. Gestärkt gehen wir das kleine Stück Richtung Einsiedel, das wir schon hergekommen sind, wieder zurück. Aber in dem Fall ist eine Wiederholung kein Schaden, denn kurz vor Einsiedel macht das Panorama wieder eine bella figura. An Einsiedel vorbei geht es noch ein Stück auf der Straße, bis wir bei Breitmoos in Richtung Falkensee abbiegen, ein Weg, der durch Ausblick besticht. Wer einen Hund dabeihat, wird ihn auf dem Pfad gerne springen lassen. Bald geht es durch Hochmoor, links tut sich ein Tümpel auf, den man zum Baden besser meiden sollte, denn er wird von den Einheimischen der »Schlangensee«

Frösche, Kröten, Schlangen, Vögel, Fische, Insekten – an jedem der drei Seen gibt es Tiere zu entdecken.

genannt und das sollte man ernst nehmen. Denn neben Schleichen ist hier auch die Kreuzotter zu Hause!

Bald treffen, kurz vor einem Marterl, mehrere Wege aufeinander. Wir bleiben geradeaus unterwegs, bis wir den Falkenseebach überqueren, der so klar ist, dass man jeden Kiesel zählen kann. Außerdem ist er recht flach. Hier baden die Hunde gerne und man selbst kann bequem die Füße ein wenig kühlen. Dabei sollte man es nicht übertreiben und sobald es wehtut, wieder rauskommen.

Dann weitet sich der Weg, was manche Radler als Aufforderung zum Rasen nehmen. Deshalb muss man auch auf mitgeführte

Stege schützen Fauna und Flora.

Hunde achten, damit sie schön am Rand bleiben. Rechter Hand erhebt sich mächtiger Mischwald mit altem Bestand – schön ist das besonders im Herbst! Jetzt sind es nur noch 10 Minuten bis zum Falkensteinsee, der sich als Erstes durch ein Wetterhäuschen und eine Infotafel ankündigt. Und dann spiegelt er herauf, der See, eine Melange aus Türkis und Schweinfurter Grün. Magisch und doch für den Tourismus erschlossen mit einem naturschonenden Steg, der das wilde Menschenvolk davon abhält, hier in dieses sensible Biotop zu trampeln. Frösche, Kröten, Enten, Fische, ungezählt die Insektenwelt, von seltenen Pflanzen ganz zu schweigen. Wenn bisher schon so vieles schön war, der See kann es noch toppen.

Aber es hilft ja nichts, wenn wir noch zum Krottensee wollen und irgendwann nach Hause, müssen wir los. Wir gehen dieselbe Strecke zurück bis zur Weggabelung beim Marterl und biegen nun nach links ab, bis wir zur Brücke über den Falkenseebach und zum Natur-Kneipp-Becken kommen, einer Furt, an der man Wassertreten kann oder Balancieren üben. Gleich drauf, man muss ein bisserl die Augen offenhalten, zweigt der

Weg zum Krottensee ab. Das wird wieder ein ganz anderes Seenerlebnis am Fuße des Falkenstein, hinauf zum Schwingmoor. Der ph-neutrale See speist sich unterirdisch. Die Umgebung ist Schwingmoor und Heimat von Kreuzottern, Kröten und Insekten. Die Hunde nehmen wir jetzt besser an die Leine, weil sich die bereits zitierten Schlangen hier noch lieber aufhalten, vom Wild ganz abgesehen, das in dieser Idylle ein seliges Leben lebt. Die Einsamkeit und die Kulisse sind grandios und reine Meditation. Wir spüren das Fluffige unter unseren Füßen. Der Boden schwingt wie ein Wasserbett.

Belohnung zum Schluss

Nach dem kleinen Naturphänomen kehren wir zum Hauptweg zurück und ziehen Richtung Inzell weiter, am Fuße des Falkenstein, unter mächtigen Bäumen. Dann mündet die Schotterpiste in die Falkensteinstraße, die wir bis zur Adlgasser Straße nehmen. Wir halten uns kurz rechts, überqueren die Fahrbahn und biegen links in die Ecker Straße ein, folgen ihr nur kurz, um dann in die Gamskogelstraße nach links zu biegen. Wieder empfangen uns gepflegte Gärten und Architektur der 1970er-Jahre, was schon fast etwas Historisches hat. Dann geht's wirklich querfeldein über eine lang gezogene Wiese, an deren nordöstlichem Ende ein Campingplatz auftaucht – der Blick von dort muss grandios sein! Bevor wir wieder an der Kreuzfeldstraße in die Badeparkstraße einbiegen, machen wir einen Abstecher zum »Kaiserschmarrncafé Lindlbauer«, das in einem historischen Bauernhaus aus dem Jahr 1819 seine Gäste bewirtet. Ein wenig Stärkung kann jetzt nicht schaden. Und wer die Badesachen dabeihat, hüpft nach den drei Seen und den kulinarischen Genüssen noch ins Naturbad Inzell rein.

»Kaiserschmarrncafé Lindlbauer«, Kreuzfeldstr. 40, 83334 Inzell

Man muss nicht immer Kaiserschmarrn essen im »Kaiserschmarrncafé Lindlbauer«.

Römische Straßen und uriges Bier entlang der Sur

Route: Teisendorf – Panoramaweg – (Ober-)Teisendorf
Länge: ca. 10 Kilometer
Gehzeit: ca. 5 bis 6 Stunden
Start und Ende: Ortsmitte Teisendorf
Einkehrmöglichkeit, Schwierigkeit leicht bis mittel

Mit dem Spruch »Der Markt, der alles hat« werben die Teisendorfer heute um Touristen und Geschäftsleute. Vermutlich war das auch schon um 700 so, als »Tusindorf« das erste Mal urkundlich erwähnt wurde – die Römer hatten diesen Namen vergeben. Das bedeutet, dass die vormals hier residierenden Völker von Kelten über Römer bis Bajuwaren auch schon an dem malerischen Flecken am Fuße des Teisenbergs lagerten und siedelten, denn er liegt einfach verkehrsgünstig und schön. Das sahen vor allem die Römer genauso, die hier ihre Knüppeldämme durch die moorige Landschaft legten, jene aus Eichenbohlen bestehenden Wege, auf denen sich neben schwerem militärischen Gerät, dem Volksgetränk Wein aus Italien, auch Sandstein vom Högl und Marmor vom Untersberg und vorallem Salz aus Reichenhall transportieren ließ. Viele Städte verloren ihre wichtige Stellung im Handelskreislauf, als die Schifffahrt große Transporte übernahm. Teisendorf blieb aber auch wirtschaftlich im Spiel, als im 13. Jahrhundert der Handel von Salz auf Flüssen verboten wurde und die große Zeit der Salzstraßen begann. Von Salzburg bis zum Bodensee verlief der Salzsäumerweg, an dem auch Teisendorf liegt. Also war Teisendorf bald ein Markt mit Mautstation und allerlei Annehmlichkeiten, die Menschen anzog: Zünfte rund ums Pferd, um Verpackungsmaterial und Schneiderei, denn via Salzburg kamen aus dem Venezianischen auch Stoffe, Gasthäuser und Beherbergungsstätten.

Das weite Surtal bei Teisendorf ist eine heitere Landschaft mit Ausblick.

Ja, die touristische Tradition des Ortes, der heute davon lebt, reicht wohl über 1000 Jahre zurück. Dass mit diesem segensreichen Handel auch mal Schluss war, damit hatte die Bevölkerung sicher nicht gerechnet. Es waren Anfang des 17. Jahrhunderts mal wieder die Streitigkeiten zwischen dem Erzbistum Salzburg, zu dem Teisendorf bis 1810 gehörte, und Bayern. Der Salzsäumerweg wurde verlegt und ging fortan über Jochberg, Inzell und Siegsdorf. Aber die findigen Teisendorfer tauschten den von den Römern eingeschleppten sauren Wein gegen süffiges Bier, das Brauwesen gedieh und die Wege zwischen dem nahen Schönram (Schönramer Bier) und Teisendorf waren bald die neuen verkehrsreichen Tangenten, die in alle Windrichtungen Gerstensaft schickten, auch zu den Bergbauarbeitern nach Achtal, eine der 226 Gemeinden Teisendorfs, das damit bayerischer Spitzenreiter an Ortsteilen ist. Oder in die Eisenschmelzen nach Ainring, wo die schwitzenden Erzler mit genug Flüssigkeit versorgt werden mussten.

Start in der Ortsmitte

Genau an der historischen Brauerei Wieninger starten wir auch unsere Landpartie – wobei es jedem unbenommen ist, sich entweder im dazugehörigen Gasthof oder an einer der Eisdielen in der Marktstraße vorher zu stärken und noch ein wenig über das Mediterrane in der Geschichte Teisendorfs nachzudenken. Denn die farbenprächtigen Fassaden sind im venezianischen Stil gehalten – einem weiteren italienischen Erbe in Bayern.

🏛 Bierkreative – Privatbrauerei Wieninger in Teisendorf

Glaubt man der sauber herausgeputzten Homepage der Privatbrauerei Wieninger in Teisendorf, dann trinkt man mit jedem Schluck ihres Bieres ein Stück Heimat und Naturverbundenheit. Nachhaltigkeit und kleine Lieferwege, Wertschöpfungskette und Handarbeit mische sich gleich noch dazu in den Aromenreigen, den das Braugut der Wieningers neben dem unvergleichlichen Biergusto verspricht. Tatsächlich sind wohl Gers-

Bier prägt das Stadtbild von Teisendorf.

ten aus dem Berchtesgadener Land, Hopfen, der unter dem Schutz des Gartenbauvereins steht, und das gute Wasser des Surtals zuständig für ein Brauimperium, das auch architektonisch den Kern von Teisendorf prägt: Sudhaus, Hauptgebäude, ehemalige Lager, Speicher und ein Gastgarten machen quasi das Zentrum der kleinen Gemeinde aus. Unter dem Begriff »Hoamat« vermarkten die Wieningers ihre über 50 Biere und Biermischgetränke, deren Etiketten man Tradition, aber auch eine gewisse Hipsterness ansieht. Cool sehen sie in jedem Fall aus, die Bügelflaschen mit diversen »Braukreationen« und derben Namen wie »Feierdeife« oder »Luada«. Die Palette reicht vom ganz normalen »Alltagsbier« über das sogenannte Braumeisterbier bis hin zum im Enzianfass gereiften »Werkstattbier«. Seit 1666 wird in Teisendorf gebraut, allerdings lange unter Salzburger Herrschaft, bis 1813 der Wirtssohn Philipp Wieninger das Ganze kaufte. Sein Sohn Max Christian Wieninger gab der Brauerei dann den Namen. Bis heute sind die Besitzer Teil der Wieninger-Brauereidynastie, die Niederlassungen in Vilshofen, Dachau, Passau, Schärding und München besitzt.

Hier, am Fuß des Teisenbergs, blieb in den Kellern der Brauerei Wieninger das Bier frisch

Wer von Westen nach Teisendorf einfährt, der kommt am Open-air-Showroom, dem Hopfengarten, vorbei, weithin sichtbar mit seinen hoch aufragenden Hopfenstangen. Im Ort selbst leuchtet biergelb das historische Gebäude, wo man sich jeden Mittwoch und Donnerstag zu einer Brauereiführung anmelden kann. Danach kommt man schon einigermaßen »vorbereitet« im gegenüberliegenden Bräustüberl an, wo die in der Wieninger Bierwerkstatt kreierten, hochprozentigen Sorten des »flüssigen Goldes« kredenzt werden.

Wer um seine gute Figur fürchtet, ist in Teisendorf mit seinem exzellent ausgeschilderten, 300 Kilometer langen Wanderwegenetz bestens davor geschützt, diese zu verlieren. Oder er geht zur Fitness ins Teisendorfer Freibad, ein Waldbad mit Blick auf Mittelstaufen und Zwiesel, das die lange Moorbadtradition

Schlackenbauten wirken immer stattlich.

des Ortes fortsetzt. Ja, man mag's nicht glauben: Teisendorf war bereits in der Mitte des 19. Jahrhunderts ein angesagter Ort für Sommerfrischler. Hier, am Fuße des Teisenbergs, blieb in den Kellern der Brauerei Wieninger das Bier frisch, und oberirdisch hielt die Teisendorfer Luft jung!

Privatbrauerei M.C. Wieninger, Poststraße 1, 83317 Teisendorf, Brauereiführung unter https://wieninger.de/

Felsen, Brocken, Grotten

Wir verlassen den quirligen Ort Teisendorf. Die Kontemplativen unter uns werden Freunde des Wanderwegeangebots werden. Eine Route tut sich besonders hervor, vereint sie doch Handwerk, Urzeit und Spiritualität. Start ist, wie gesagt, der dominante Bau der Wieninger Brauerei, an dem wir vorbeigehen, um dem Geopark Eichelgarten einen Besuch abzustatten. In der ehemaligen Kiesgrube hat man Eichen angepflanzt, dazwischen ruhen eiszeitliche Felsriesen, Findlinge aus Saalach und Salzach, allesamt aus der unmittelbaren Umgebung Tei-

Oberteisendorf könnte auch ein Bauernhausmuseum sein.

sendorfs. Vorbei geht es anschließend an den Eisweihern der Brauerei, die früher die Eisbrocken für die Kühlung des Biers lieferten. Nach so viel irdischer Nahrung kann man jetzt getrost dem Hinweisschild zur Lourdesgrotte folgen. Wo sich die Wege gabeln, im Ortsteil Moosen, an der Kreuzung bei den Totenbrettern, geht es linker Hand hangaufwärts zu dieser kleinen Waldkapelle, die 1890 nach dem originalen, französischen Vorbild errichtet wurde.

In Richtung Westen, inmitten von Streuobstwiesen – was im späten Frühjahr ein Traumanblick ist –, steht ein imposanter Bauernhof in Schlackenbauweise und erinnert an die Schürfgründe und -traditionen früherer Jahrhunderte in dieser Gegend. Wer nur einen kurzen Spaziergang will, biegt hier zu dem Bauernhof ab und nimmt den gemächlichen Rückweg nach Teisendorf. Wer aber eine richtige Landpartie machen möchte, bekommt nun ein besonderes Schmankerl für die Sinne serviert.

▥ Leichtbauweise – Schlackenhäuser im Rupertiwinkel

Der Schutzpatron Salzburgs und der Bayern, Bischof Rupert (650-713), gab dem Rupertiwinkel seinen Namen. Auffällig sind hier die schwarz gesprenkelten Häuser und typisch für diese Gegend zwischen Waging, Teisendorf und Piding. Halt nahe am ehemaligen Erzabbaustollen Achtal. Dort, am Fuß des Teisenbergs wurde nachweislich über 500 Jahre Eisenerz geschürft, nicht gerechnet, was viel früher die Römer schon damit anstellten. Der kostbare Rohstoff wurde auch gleich vor Ort verhüttet. Allerdings war das Gemenge nicht sehr eisenhaltig und somit blieb recht viel Schlacke zurück. Ein idealer und billiger Baustoff, ultraleicht und wärmedämmend. Früher wurden damit, oft auch aus Mangel an Alternativen, Bauernhäuser gemauert, zum Teil in Kombination mit Brocken aus Flyschgestein der Gegend. Das Ergebnis waren Gebäude, die unverputzt eine eigenwillige Hülle haben und die mal trutzig, mal toskanisch, mal harlekinesk, mal industriell wirken. Dass diese Art von Mauern eigentlich grandios zeitlos ist und einfach in der Pflege, merkt man heute, teilweise über 100 Jahre später, wenn man die wenigen, noch unverputzten Gebäude dieser Machart entdeckt, die völlig alterslos scheinen. Ob im Ensemble stehend oder als solitärer Einödhof – die Gebäude wirken immer, unabhängig von ihrer Funktion und trotz ihrer Accessoires mit farbigen Fensterläden oder knallrotem Blumenschmuck, wie eine kleine Festung. Schlackenbauten zu entdecken, gibt es zum Beispiel in Holzhausen, Teisendorf, Piding, Achtal, Laufen, aber auch zwischen Oberteisendorf und Waging, in Petting, Anger und Ainring. Ein bissl wachsam sollte man unterwegs sein, denn so bunt sie beim näheren Hinsehen sind, so gut können sie sich mit ihrer mineralischen Camouflage in die herbstliche und winterliche Landschaft einpassen. Diese Zeitzeugen der einstigen Industrielandschaft erzählen viel über das entbehrungsreiche Leben, das es hier, in diesem heute paradiesischen Urlaubsland bis weit ins 20. Jahrhundert auch gab.

Bei Schlackenbauten werden Baustoffe effizient verwendet.

Fallobstwiesen wie hingetupft. Eine Lourdesgrotte soll heilen und helfen.

An Lourdesgrotte und Schlackenhof schließt sich der Walddammweg an, ein an den faltigen Flanken des Teisenbergs angelegter, schattiger Hochweg mit 15 Stationen in Form von Infotafeln und Holzskulpturen zur heimischen Fauna, die von jungen Bildhauern der Berufsfachschule für Holzbildhauerei und Schreinerei Berchtesgaden gefertigt wurden. Der Vogelreichtum, der auf den Tafeln beschrieben ist, ist auch zu hören – ein besonders sinnliches Konzert, das seinen Resonanzboden in den Falten des Teisenbergs hat. Über Brücken, an Wasserfällen und Zuflüssen zur Teisendorfer Ache vorbei, geht es bis nach Oberteisendorf. Vorher bekommt man noch einen Weitblick ins Tal und wer sucht, findet im Dickicht die Reste der Ruine von Burg Raschenberg, deren Ursprünge auf das 13. Jahrhundert zurückgehen. Der gut ausgebaute und ausgeschilderte Weg erreicht danach die Straße, die Oberteisendorf mit Neukirchen verbindet, geht ein kleines Stück an ihr entlang, bevor ein Wiesenpfad Richtung Kneipp-Anlage führt, vorbei an Pferdekoppeln und Bauerngärten.

Der Walddammweg ist ein Vogelparadies.

Kulisse wie aus dem Heimatfilm

Wenige 100 Meter später, wir sind entlang der gelegentlich ganz schön breit, auf Stufen dahinsprudelnden Ache gegangen, erreichen wir das Oval der Kneipp-Anlage, malerisch gelegenen, mit Bänken drumherum. Dort werden die Füße gekühlt, bevor wir wieder zurück nach Oberteisendorf gehen, wo uns die aus dem 15. Jahrhundert stammende Kirchturmspitze von St. Georg den Weg über die Achenbrücke, an der Dorfstraße entlang weist. Das ist fast wie ein Spaziergang durch einen historischen Heimatfilm, denn die Gebäude stammen zum Teil aus dem 17. und 18. Jahrhundert, sind Flachsattelbauten mit Obergeschossen in Blockbauweise aus Holz und umlaufenden Lauben.

Kurz vor der B304 wartet der »Hofwirt« mit schön gelegenem Biergarten auf eine Einkehr, man ist ja schon ein bissl was gelaufen. Die Bundesstraße überqueren wir, halten uns links und gehen am Sportgelände vorbei immer nach Norden. An einem Marterl samt Bank kann man einmal einen Ausblick

Die Oberteisendorfer Ache wird im Ort ein wenig gezähmt. Historisch die Bienestöcke

auf das Oberteisendorfer Tal wagen – die Gefahr ist groß, dass man einfach sitzen bleibt, weil es so schön ist. So wird es uns noch ein paar Mal auf dieser Strecke gehen.

Die Sur ist der Fluss, der die Landschaft prägt. Stückweise hat man in ihren Verlauf eingegriffen, aber sie darf auch frei mäandern und ist so Lebensraum für eine reizvolle Fauna. Nach dem Weiler Knappen geht es leicht bergauf nach Oberwiesen, vorbei an einem ausgeschilderten Aussichtspunkt, einem alten Forsthaus mit einem überdachten Balkon, auf dem man picknicken darf. Nach einem kleinen Waldstück und am Ende eines Feldanrainerwegs erreichen wir eine Teerstraße. Keine Angst, der Verkehr hält sich in Grenzen, auch wenn die Einheimischen (andere fahren hier fast nicht) oft einen ordentlichen Zahn drauf haben.

An der Einmündung halten wir uns links Richtung Oberwiesner Kapelle, an der ein weiteres herrliches Bankerl zum Herumschauen einlädt. An die gelegentlich vorbeizischenden Radler und seltenen Autos muss man sich erst gewöhnen. In der Ferne sieht man den prächtigen Weiler Aschau mit seinen drei im-

Die Wege in Oberteisendorf sind zum Trödeln geschaffen.

Ob Kapelle oder Kirche, bunt geht es zu.

posanten Anwesen in Bruchsteinbauweise. Kurz nach der Kapelle, Richtung Westen, biegen wir rechts in den Wiesenweg ein, entlang der Eisenbahnlinie nach Traunstein. Auf ihm geht es weiter ein kleines Stück erneut Richtung Westen, mit einem Schlenker über den Ortsteil Wolfhausen, dann rechts über die Bahnbrücke, wo wir zum Landgasthof »Helminger« in Rückstetten gelangen. Auch hier könnte man einkehren, der Biergarten ist sonnig und wird von den zahlreichen Radlern, die teils elektrisiert hier durch die Gegend sausen, gern frequentiert.

Landgasthof »Helminger«, Raiffeisenstraße 30, 83317 Teisendorf

Panoramablick und Schleichwege

Nach dem Wirt geht es noch ca. 300 Meter an der Teerstraße entlang, bis uns ein gelbes Hinweisschild Richtung Oberstetten im Ortsteil Griesacker rechts abbiegen lässt. Auf dem Wiesenweg laufen wir zwischen grünen Matten und Gärten, bis wir die Waginger Straße erreichen, diese queren und nach Oberstetten weiterziehen. Dort, im Ort zweigt der Weg erneut rechts ab,

Mehrings Zentrum

und führt zurück zur Waginger Straße, wo wir bei guter Sicht einen Blick bis zum Dachsteinmassiv mit Gosaugletscher und Gosaukamm erhaschen. Wir überqueren die Waginger Straße vorsichtig, denn da rast der Verkehr ganz schön, und wandern an der Kapelle vorbei nach Süden – rechts ein schöner Wald, links Felder und immer den Teisenberg im Blick. Dann macht der Weg einen scharfen Linksknick durch den Weiler Erlach hindurch, sprich eigentlich durch Privatgelände, was aber geduldet ist, in Richtung Mehring. Der Spitzhelm der Kirche dieses Ortes ist weithin zu sehen. Tatsächlich ist die Filialkirche Johann Baptist in Mehring einen Besuch wert. Der spätgotische Saalbau liegt leicht erhöht und das ganze Ensemble strahlt in seiner Geschlossenheit eine große Ruhe aus. Sehenswert ist auch die reiche Innenausstattung der Kirche. Den Kirchberg hinunter führt uns der Weg weiter durch den Ort und unter der Eisenbahn hindurch. Ab da wird man von einem grandiosen Panorama begleitet, mit Blick auf den Teisenberg, den Högl, über das Surtal. Welch ein Glück, dass hier auch Sonnenbänke aufgestellt wurden, die dann den Rückweg nach Oberteisendorf verzögern.

Bukolische Stimmung zwischen Industriebauten

Sobald wir den Weg hinunter mäandert sind, an architektonisch spannenden, modernen Industriebauten vorbei, kommen wir an einem poetischen, kleinen Stauwehr der Sur vorbei. Hier verzweigen sich Wasserarme, dazwischen ragen hohe Binsen auf und wenn man es richtig deutet, badet dort im Sommer auch die Dorfjugend. Zahlreiche Wasservögel tun es zu jeder Jahreszeit.

Am Wegweiser Richtung Teisendorf geht es links ab. Der Rückweg ist ein Idyll entlang der Sur mit Ziegenbegegnungen und lieblichen Weiten, die südlich vom Teisenberg begrenzt werden. Wer da nicht ein wenig besinnlich wird, dem ist auch nicht mehr zu helfen.

So schattig der Walddammweg zu Beginn sich zeigte, so sonnig war die übrige Tour.

So mag man sich Teisendorf sehr gerne nähern, inklusive eines kleinen Dorfrundgangs zum Schluss. So schattig der Walddammweg zu Beginn sich zeigte, so sonnig war die übrige Tour. Vielleicht kommt man dann auch auf die Idee, in Teisendorf einen Hut zu erwerben, denn dort ist man an der Quelle und ein würdiger Abschluss der Landpartie ist das auch.

🎩 Wohlbehütet in Teisendorf

Dass das Handwerk von Thomas Braun aus Teisendorf so gar kein »alter Hut« ist, zeigt sich auf viele Weisen. Erstens ist das Stammhaus »Hut Braun« seit 1598 in Familienbesitz. Das muss man erst einmal schaffen. Zum Zweiten gehen Tausende von Braun'schen Trachten- und Strohhüten jährlich in alle Welt, und drittens ist Thomas Braun der letzte staatlich geprüfte Hutmacher – und eine hippe Erscheinung, wie ihn sich kein Marketingunternehmen besser ausdenken könnte. Am Body erkennt man, dass Thomas Braun im ersten Beruf Fitnesstrainer war. Wie sehr ihm diese Ausbildung jetzt zugute kommt, merkt man, wenn man den Prozess des Hutmachens verfolgt. Da wird mit viel Kraft gezogen, gedampft, in Form gebogen, schwere Pressen müssen betätigt

Wer eine typische Tracht sucht, fängt beim Hut an.

werden, es wird genäht, gebürstelt und geschmückt, damit am Ende ein federleichter Hut entsteht, der nicht nur auf den jeweiligen Kopf passt, sondern auch noch zur Tracht oder Gegend oder einfach zum Anlass.
Das fesche Zylinder-Logo der Hutmacherei plus Gründungsjahr hat sich Thomas Braun auf den Unterarm tätowieren lassen. Zusammen mit den Eltern führt er die Manufaktur, die sich in den Hinterräumen des Teisendorfer Geschäfts befindet. Dort scheint es einem fast undenkbar, dass man bislang hutlos durchs Leben gekommen ist. Das Wort »wohlbehütet« bekommt in dieser poetischen Umgebung eine ganz neue Bedeutung. Wenn man dann noch einen Blick auf die hölzernen Rohlinge werfen darf, wird man ein wenig wehmütig, warum diese schöne, sinnliche Handarbeit heute in Deutschland kein Ausbildungsberuf mehr ist: Thomas Braun hat seinen Meister in Salzburg gemacht. Wer einmal dem Zauber des Teisendorfer Geschäfts oder der Freilassinger Filiale erlegen ist, wird bei jedem Volksfest schon genau auf die Köpfe schauen, ob da nicht der Thomas seine Finger im Spiel hatte.

Hut Braun, Bahnhofsstraße 13–15, 83317 Teisendorf

Sonniger Höhenrücken mit Aussicht und diversen Abstiegen

Route 1: Neukirchen – Oberteisendorf und retour
Länge: ca. 8 Kilometer
Gehzeit: ca. 3 bis 4 Stunden
Start und Ende: Vor dem Rathaus Neukirchen
Einkehrmöglichkeit, Schwierigkeit mittel

Route 2: Neukirchen – Achtal und retour
Länge: ca. 6 Kilometer
Gehzeit: ca. 3 Stunden
Start und Ende: Vor dem Rathaus Neukirchen
Einkehrmöglichkeit, Schwierigkeit leicht bis mittel

Das kleine Neukirchen, das so verkehrsgünstig an der Autobahn liegt, wird dennoch von den meisten Fremden links oder eben rechts liegen gelassen. Ein Fehler, denn nicht nur die Gasthöfe »Zur Post« und »Mesnerwirt« bieten Gastfreundschaft und Mahlzeiten, sondern auch Oswalds Dorfbäck, eine urige Mischung aus Dorfladen und Bäcker, könnten eine lange Autofahrt in den Süden oder zurück unterbrechen. Ans Beinevertreten denken hier viele Vorbeireisende noch weniger. Mit einer Kombination aus verschiedenen Wanderwegen lässt sich aber von Neukirchen aus eine sehr abwechslungsreiche Landpartie entwerfen.

Los geht's am Gemeindeparkplatz vor dem Rathaus, wo man entweder aus dem Bus von Traunstein kommend steigt oder das Auto oder Fahrrad stehen lässt, denn für Radler ist diese Runde nur bedingt geeignet. Wir besuchen allerdings vor dem Weg noch die historische bedeutsame Kirche St. Ulrich, weil ein wenig göttlicher Segen nie schaden kann oder das einfach ein wunderbarer Ort ist, um sich zu sammeln.

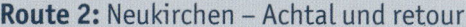

Trampelpfade sind der Einstieg in die Tour.

Beim Dorfbäck holt man Brotzeit, in St. Ulrich einen Segen.

»Zur Post«, Dorfstraße 20, 83364 Neukirchen, www.post-neukirchen.de
»Mesnerwirt«, Kirchplatz 1, 83364 Neukirchen, www.mesnerwirt-neukirchen.de

----

🏛 St. Ulrich

Dass dieses aufgeräumte Kircherl recht alt ist, sieht man am Stil, nicht am Zustand, der tiptop gepflegt ist. Ihr heutiges Aussehen hat die Pfarrkirche in der Gotik, also im 14. Jahrhundert, bekommen. Doch gab es nachweislich hier schon vorher einen Kirchenbau aus dem 10. Jahrhundert, der vermutlich mit Einsetzen des Erzabbaus im nahen Achtal entstanden ist. Die Westfassade ist holzgeschindelt, der Turm ragt typisch für die Gegend spitz empor. Der lichtdurchflutete Innenraum besticht durch seine harmonische Ausgestaltung.

Schräg gegenüber der Kirche bekommt man beim »Mesnerwirt« am Kirchplatz bayerische Kost mit Schönramer Bier serviert – so kann man die rund 10 Kilometer lange Tour natür-

Mitten im Ort, neben der Kirche – wie der Name sagt: der Mesnerwirt.

lich auch beginnen. Wir folgen dann auf dem Pfarrhofweg der Ausschilderung »Großer Sonnenweg« und passieren erst das Rathaus und dann das frisch renovierte Freibad in Neukirchen. An der scharfen Linkskurve folgen wir nicht dem Fußweg der Sonnenwegroute, sondern biegen links ab, vorbei an hübschen Vorgärten. Schon nach ca. 15 Minuten mündet die Straße in einen Pfad, der nach Mooshäusel führt, eine kleine Einöde in Schlackenbauweise, harmonisch in einen kleinen Fichtenhain eingepasst. Das Bankerl, das an der Westseite des kleinen Anwesens steht, ist auch schon im Winter ein Sonnenplätzchen der besonderen Art und da einen der Hausbesitzer auch ruhig sitzen lässt, genießen wir diesen Traumplatz mit angemessener Stille. Aber wir wollen ja noch ein ganzes Stück weiter und so mäandert der Pfad, gesperrt für Rad und Pferd, durch hochmoorige Landschaft, in der sich die Sonne fängt und es stets ein

In Neukirchen stimmt die Infrastruktur: Dorfladen, Schwimmbad, Schule, auch Fahrschule, Bank und Wirtshäuser.

Das Mooshäusel ist pittoresk und wird bewohnt.

paar Grad wärmer als in der Umgegend ist. Linker Hand fällt der Bergrücken sichtbar ab, ein unwegsames Gebiet, das auch für den Fußgänger gesperrt ist. Wir bleiben auf dem geschlängelten Hochtalweg und bewundern die Geografie aus alten Linden, Maisfeldern und Weideland. Vorbei geht es an Marterln und Marienstöcken, bis wir am Sprunggraben auf eine Koppel mit Alpakas stoßen, die uns mäßig neugierig beäugen. Hier führt die Straße etwas bergab, bis sie auf die Sonnenstraße stößt. Wir wählen den Weg dazwischen, der von neugierigen Jungkühen gesäumt wird und einen grandiosen Blick auf den Teisenberg eröffnet. Beim Landschaftsgärtner Beer besuchen wir die Galloway-Rinder und bewundern den Bauerngarten, den man auch von einem nahen Bankerl mit Marterl betrachten kann, vorausgesetzt, man schafft es, sich loszureißen von dem grandiosen Panorama, das dieser Punkt bietet. Bis weit in die Salzburger Alpen hinein, hinüber zum Haunsberg, mit Ainring, Piding und dann Salzburg als Siedlungsgrößen, blickt man über den Rupertiwinkel, Saalach und Salzach. Spektakulär!

Mächtige Rinder auf der Höhe strahlen Ruhe aus.

Tour-Variante 1

Wen es in diese östliche Richtung zieht, der macht einen Abstecher nach Achthal, ein enges Dorf mit langer, arbeitsreicher und mühsamer Geschichte. Der Weg führt zunächst zwischen Weiden hindurch bis zum Wald, wo ein schmaler Durchschlupf den Beginn eines Waldwegs markiert, der sich kontinuierlich talwärts zieht. Nach einer Viertelstunde entlang eines Bachs kommt man im »Neubaugebiet« von Achthal heraus. Bis zur Dorfmitte sind es nur weniger Meter, dort steht das Bergbaumuseum.

🏛 Schwerstarbeit im Thal

Wenn man die kurvige Straße von Neukirchen kommend in Richtung Teisendorf hinunterfährt, kann einem der Anblick von Achthal schon in die Glieder fahren. Dieser Ortsteil von Teisendorf, in dem sich heute ein Bergbaumuseum gleichen Namens befindet, ist durch eine raue Architektur geprägt. Trutzige Natursteinhäuser säumen die Straße, die sich an der Oberteisendorfer Ache entlangdrückt. Achthal ist schmal, am breitesten noch an der Stelle vor dem Bergbaumuseum und der vor-

Gezähmtes Wasser, um es industreill zu nutzen: Im Achthal wurde Erz geschürft.

gelagerten kleinen Bergknappenkapelle Maria Schnee. Das beeindruckend mächtige Arbeiterwohnhaus rechts vom Hauptgebäude gibt dem Ensemble aus dem 19. Jahrhundert tatsächlich ein industrielles Gepräge. Nicht ohne Grund: Vom 16. bis Anfang des 20. Jahrhunderts wurde hier Erz zur Eisengewinnung geschürft. Wie hart die Arbeit in den Eisenflözen war, davon berichten Schautafeln im Museum. Noch eindrucksvoller ist ein Gang durch den Schaustollen. Eine ganz eigene Welt muss dieses Achthal gewesen sein mit seinen schwer unter Tage arbeitenden Bergknappen, die per Hand daran arbeiteten, das Grubenwasser wegzutransportieren, um so die Stollen freizuhalten.

Fast 1000 Jahre, von 959 bis 1810, lief die Grenze zwischen dem Fürstentum Salzburg und Bayern exakt durch die Erzlager des Achthals. Die Eisengewerke Achthal wurden 1537 als Gewerkschaft gegründet mit dem erzbischöflichen Priesterhaus Salzburg als Mehrheitseigner. Sie bestanden bis 1919. Das Roheisen des Teisenbergs war begehrt und führte zur Gründung der Hammerschmiede in Ainring, heute Max Aicher Werke. Im Museum selbst, in 24 Räumen und auf rund 500 Quadratmetern, kann man der harten Arbeit und ihren schönen und zeitlosen Ergebnissen nachspüren, von Industrieprodukten wie Gussformen und

Verwunschene Wege und eiszeitliche Spuren am Niccolostein.

Rohren bis zu Gebrauchsgegenständen wie Schaufeln und Grabkreuzen. Aber am beeindruckendsten sind die früheren Industriehäuser neben dem Museum, gebaut aus Schlackengestein, das ja reichlich in der Umgebung vorhanden war. Ernst und unwirtlich überragen sie alle anderen Gebäude des schattigen Tals.

Eisenreich – Bergbaumuseum Achthal, Teisendorferstraße 63, 83317 Teisendorf-Achthal

----

Nach dem Museumsbesuch müssen wir den Waldweg wieder hoch – was wir gerne machen, denn in Achthal kann es schattig sein –, um zu unserem ursprünglichen Aussichtsbankerl und der Thumbergrunde zu kommen, die Richtung Nordosten liegt und ausgeschildert ist. Weitere »Weitschaubänke« könnten dafür sorgen, dass sich der Rückweg länger hinzieht Am Waldrand weist versteckt das Schild zur Thumbergrunde, Richtung Oberteisendorf. Ein schöner, von Lichtspielen durchwirkter Weg, der dann plötzlich ganz abenteuerlich an der Flanke des

Privat, die Fischerhütte, aber zum Anschauen auch hübsch.

Thumbergs entlangläuft. Da fasst man schon einmal ins Moos, um sich festzuhalten, was nicht das Schlechteste ist, denn das Moos wächst hier ungemein flauschig. Fast stolpert man dann drüber, über den Niccolostein, so ist er gekennzeichnet. Ein fast 3 Quadratmeter großes, eiszeitliches Zeugnis, auf dem das Geschiebe der Gletscher tiefe Rillen hinterlassen hat. Steil und in Haarnadelkurven schlängelt sich der Weg ins Tal hinunter, begleitet vom Thumberggraben, von Bächlein, die plätschernd dann in einen kleinen Fischteich abgeleitet werden, an dem ganz offensichtlich oft gegrillt wird. Auf frisch gekiesten Wegen geht es Richtung Oberteisendorf, wo wir auf der Dorfstraße entweder an den hier vielen denkmalgeschützten Fassaden der kleinen Bauernhäuser, teils aus dem 17. Jahrhundert, entlangschlendern oder im »Hofwirt« noch einkehren. Bereits im 16. Jahrhundert war hier ein Gasthof urkundlich erwähnt. Ein wenig neugierig ist man ja schon geworden auf den Ort, der jedem Heimatfilm als Kulisse dienen könnte.

Gasthaus »Hofwirt«, Traunsteiner Straße 1, 83317 Teisendorf

Für die Harten: wirklich eiskaltes Kneippen auch im Hochsommer

---

🏛 Oberteisendorfer Schulgeschichte

Eine besondere Geschichte hat in Oberteisendorf das Schulwesen. Bereits ab dem 17. Jahrhundert ist hier eine Schule urkundlich erwähnt. Die Schulpflicht bestand in dem Ort, der ja bis 1810 zu Österreich gehört hat, für alle Kinder zwischen sechs und zwölf Jahren. Wie damals üblich, besorgte den Unterricht der Mesner. Aber der große Kinderreichtum in Oberteisendorf und Umgebung sorgte Anfang des 19. Jahrhunderts für Überfüllung in der Stube des Mesners, die als Klassenzimmer herhalten

Oberteisendorf setzte schon früher auf Bildung.

musste – bei bis zu 170 Schülern kein Wunder! 1813 wurde schließlich eine eigene Schule errichtet, die mehrmals erweitert werden musste, und dennoch gibt es Eintragungen aus dem Jahr 1899 wie diese: »Das Schulzimmer der Unterabteilung ist derart beschränkt, [...] die Schüler steigen beim Schulschluss über die Köpfe der vorn sitzenden hinweg.« Heute gehen die Oberteisendorfer Kinder natürlich in ein ganz modernes Schulhaus.

Blick auf den Teisenberg, dazwischen wuselt verborgen die Autobahn A8.

Tour-Variante 2

Alternativ lassen wir Oberteisendorf links liegen und kürzen ab auf dem Weg 21 in Richtung Ortsteil Kumpfmühle, zum Kneipp-Becken, das am Fußweg neben der Oberteisendorfer Ache liegt. Die schon ältere Anlage ist sehr gepflegt und man watet gern in dem eiskalten Quellwasser herum oder schaut anderen dabei zu. Die Abkühlung tut gut, denn ab da geht es steil nach oben Richtung Sonnenweg. Hier kommt man weder mit dem Kinderwagen noch mit dem Fahrrad weiter. Bis wir aus dem Wald heraustreten und uns wieder an der sanft hügeligen Wiese befinden, die wir schon auf dem Herweg durchschritten haben, gerät man ein wenig aus der Puste. Ein kleines Stück gehen wir auf dem bekannten Weg zurück, entscheiden uns dann aber für den Rückweg auf der Sonnenstraße, vorbei an alten mächtigen Fichten, Pferdegattern und Kuhweiden. Wir bleiben auf der kaum befahrenen Straße, bis wir das Ortschild »Neukirchen« erreichen, das hübsch bemalt uns für unser Hiersein dankt. Dass die »Neue Post« jetzt gleich auf dem Weg liegt, ist praktisch, dann kann man noch zum Ausklang auf der Terrasse sitzen und in die untergehende Sonne blinzeln.

Ein einladender Ort

Ein geschmeidiger Huggel mit vielen Einkehrmöglichkeiten

Route: Vorauf – St. Johann – Heutau – Frauenstätt – Vorauf
Länge: ca. 5 Kilometer
Gehzeit: ca. 2 Stunden
Start und Ende: Ferienpark Vorauf / Siegsdorf, Parkplatz am Sportplatz

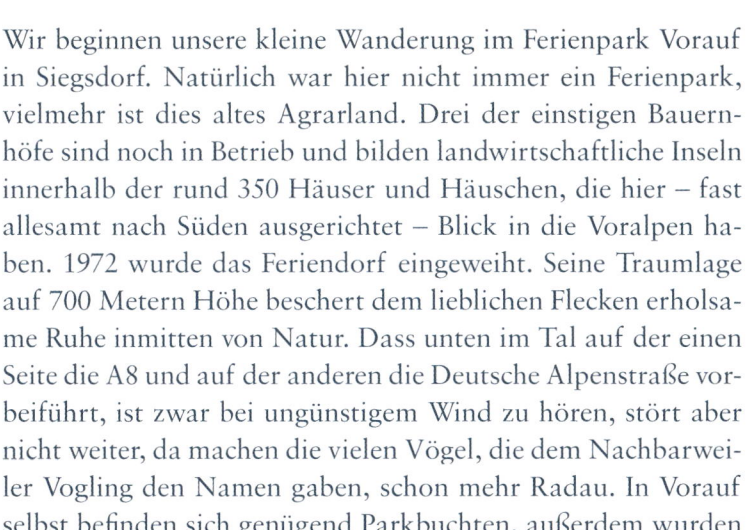

Wir beginnen unsere kleine Wanderung im Ferienpark Vorauf in Siegsdorf. Natürlich war hier nicht immer ein Ferienpark, vielmehr ist dies altes Agrarland. Drei der einstigen Bauernhöfe sind noch in Betrieb und bilden landwirtschaftliche Inseln innerhalb der rund 350 Häuser und Häuschen, die hier – fast allesamt nach Süden ausgerichtet – Blick in die Voralpen haben. 1972 wurde das Feriendorf eingeweiht. Seine Traumlage auf 700 Metern Höhe beschert dem lieblichen Flecken erholsame Ruhe inmitten von Natur. Dass unten im Tal auf der einen Seite die A8 und auf der anderen die Deutsche Alpenstraße vorbeiführt, ist zwar bei ungünstigem Wind zu hören, stört aber nicht weiter, da machen die vielen Vögel, die dem Nachbarweiler Vogling den Namen gaben, schon mehr Radau. In Vorauf selbst befinden sich genügend Parkbuchten, außerdem wurden im Sommer 2021 Mitfahrbankerl eingerichtet, die ein Hin und Her zwischen Traunstein und Siegsdorf möglich machen.

Start für unsere Ferienparklandpartie ist der Sportplatz in Vorauf, wo ein kleiner Kiosk Eis anbietet oder wahlweise Minigolfschläger, aber diesen Sport kann man auch nach dem Rundweg machen, genauso wie im nahe gelegenen Bauernhof Marmeladen mitzunehmen oder die Kinder dort auf dem Pony reiten zu lassen. Zunächst geht es durch das obere Dorf, die Ferienparkstraße nach Osten, dann in die Weidenstraße in Feichten. Schließlich in den Weißdorn- und in den Hasel-

Lustige Ferienhausarchitektur und Marterl

nussweg, der wieder auf die Weidenstraße trifft und den Weg Richtung Westen und St. Johann bildet.

Kein Haus wie das andere

Die Vogelhausarchitektur der Ferienhäuser auf dem höchsten Punkt des Dorfs erinnern, je nach Ausstattung und Bemalung, an Schweden oder an kalifornische Küstenarchitektur. Ihre Gärten, mal verwunschen, mal designt, schaffen eine geruhsame Atmosphäre. Die wird auch nicht getrübt, wenn wir den Weg nach St. Johann samt atemberaubender Aussicht bis zum Chiemsee nehmen. Zu jeder Jahreszeit ist das schattierte Alpenpanorama überwältigend. Im Weiler St. Johann laden Bänke neben kleinen Marterln und Bauerngärten zum Meditieren ein. Kühe muhen in ihren Freilaufställen. Und wenn man am Freitag vorbeikommt, kann man geräucherte Forellen kaufen. Der Weg hin zum rosa-weiß leuchtenden Kircherl St. Johann ist bald zu sehen und auch das Gasthaus »Mesnerwirt«, gleich daneben, mit seinen orange-fröhlichen Sonnenschirmen in den Gastgärten rund um das historische Anwesen.

Mesnerwirt St. Johann, eines der ältesten Gasthäuser Bayerns

🍽 Der »Mesnerwirt« in St. Johann

Bis auf das 16. Jahrhundert geht die Geschichte des Hauses zurück. Damals lebte dort der Mesner/Küster, der sich um die Gottesdienste und die Öffnung der Kirche zu kümmern hatte. Noch heute sind im Gasthaus barocke Architekturelemente zu entdecken, wie etwa mit Schnitzarbeiten reich verzierte Türstöcke und bemalte Zimmerbalken. Ja, auch an der niedrigen Deckenhöhe der Räume erkennt man ferne Epochen. Ab dem frühen 19. Jahrhundert erhielt das Anwesen eine Branntweinlizenz. Seitdem wird es mit kleinen Unterbrechungen als Wirtshaus geführt und ist bis über die Grenzen hinaus für seine Bratkartoffeln bekannt, die in der winzigen Küche des Familienbetriebs

Die kurze Tour taugt nicht für eine Diät.

gebrutzelt werden. Herzlich und unkompliziert geht's beim »Mesnerwirt« zu und selbst wenn die Wanderung bisher noch nicht anstrengend war, mag man auf die Einkehr nicht verzichten, denn wer weiß, wann wieder was kommt?

Bäuerliche Strukturen samt Bauerngärten sorgen für viel Abwechslung.

Mit einer Kirchenbesichtigung kann man den Verdauungsspaziergang hinauszögern. Die kleine Kirche St. Johann gleich neben dem »Mesnerwirt« sollte man mit Ruhe von innen und von außen anschauen.

🏛 St. Johann

Auch wenn es unbestätigt ist, hat man 1876 das 1000-jährige Bestehen der Kirche gefeiert. Es ist aber auch nicht ganz unmöglich, dass sich hier, auf dem kleinen Höhenrücken über der Roten Traun, eines der ältesten christlichen Siedlungsgebiete des Chiemgaus befindet: das romanische Gotteshaus, das Johannes dem Täufer gewidmet ist. Dass man heute mehr Barock als Romanik sieht, ist einem Blitzschlag im 18. Jahrhundert geschuldet, nach dem dann die Kirche ihre heutige Gestalt erhielt, samt putzigen Zwiebeltürmchen und zwei Glocken. Die zauberhafte Innenausgestaltung wurde vor wenigen Jahren aufwendig restauriert und so herausgeputzt wird das Kircherl natürlich besonders gerne für Hochzeiten genutzt. Im Winter, an sonnigen Tagen, kann man auf den überdachten Bänken vor der Kirche wind- und wettergeschützt rasten und lesen.

Schön renoviert: die Kirche St. Johann

Großzügig lassen einen die Anwohner einen Schleichweg durch ihre Gärten gehen.

Aber jetzt geht's wirklich hügelabwärts, an sauber gepflegten Gärten mit Apfelbäumen und Johannisbeersträuchern vorbei, ja, fast durch sie hindurch, weil eine stille Duldung der meisten Anwohner hier den Durchmarsch ermöglicht. An der Straße angelangt biegen wir scharf nach links in die Mühlenstraße und folgen ihr entlang der malerischen Häuser von Oberheutau bis hin zur Mühle St. Johann, einem trutzigen, hoch aufschießenden Bauwerk, das in Weiß und Kobaltblau weithin leuchtet und neugierig macht.

🏛 Die Mühle in St. Johann

Dass hier ein altes Handwerk noch immer ausgeübt wird, mit allen modernen Bioangeboten und eigener Stromerzeugung, ist dem rührigen Müller Josef Bachmeier zu verdanken. Erste Erwähnung findet die Mühle im ältesten Urbar (Besitzrechtsverzeichnis) des Salzburger Domkapitels 1392. Verbürgt ist das Kornmahlen seit 1506, damals noch mit Wasserrad und Mahlstein, heute mit Wasserturbine und Walzenstuhl. Müller Bachmeier mahlt ohne Zusatzstoffe. Damit dabei

Alte Mühlenkultur unten im Tal von St. Johann

backfähiges Mehl entsteht, braucht es ausgewähltes Getreide aus regionalem Anbau. Die heute beliebten Dinkelmehle entstehen ausschließlich aus ungekreuztem Dinkel. Im Mühlenladen, zu dem man durch die historischen Mahlstuben gelangt, gibt es Bioprodukte aus der Region. Brotbackkurse und Mühlenführungen für Schulen machen einen Ausflug zum sympathischen Müller Bachmeier zu einem besonderen Ereignis.

Mühle St. Johann, Mühlenstraße 25, 83313 Siegsdorf
www.muehle-st-johann.com

Wir haben uns gleich mit getrockneten Apfelringen und knusprigen Haferkeksen eingedeckt, auch wenn das Schnitzel vom »Mesnerwirt« noch gar nicht ganz verdaut ist. Über ein Brückerl samt Bruckenheiligen geht's über die Rote Traun Richtung Heutau. Ein Blick nach Westen in die Traunaue, in der einst die Soleleitung verlief, wird manchmal mit dem Anblick von Reiherpärchen belohnt, in jedem Fall immer durch eine reizvolle Vegetation.

Bäuerlicher Jugendstil in der Heutau

Vintage innen und außen

In der Unterheutau hat vor einigen Jahren Antiquitätenhändler Christian Nachmann ein kleines Imperium geschaffen und dabei gleich seinen Geschäftssitz – ein denkmalerisch sehenswertes Ensemble – restauriert und zu Wohnungen ausgebaut. Das einstige Haupthaus des Mühlenanwesens, das sich mit dunkelblauen Fensterläden, Buntglasfenstern und barockisierenden Formen von den üblichen Chiemgauer Bauformen abhebt, wurde 1871 erbaut und um 1900 im Jugendstil reizvoll überformt. Beim Durchspazieren der Anlage mag man sich an den Details gar nicht sattsehen, auch nicht an den antiken Auslagen Nachmanns, den steinernen Statuen und bronzenen Löwen, den Gartenmöbeln aus dem Fin de Siècle und den historischen Laternen, die man hier erwerben kann. Aber bevor wir hier neidisch auf die schmucken Anwesen werden, machen wir einen Abstecher zum »Café Heutau«, das eine herrliche Sonnenterrasse hat, auf der sich gute Kuchen und Snacks verputzen lassen. Nein, verhungern tun wir auf der gemütlichen Tour nicht.

Ein Antiquitätenhandel passt hier sehr gut her. Am Brückerl wacht der Patron.

Die Rote Traun gestaltete das Tal

Weiter geht's, an der Roten Traun entlang, wieder hinunter nach Unterheutau, zwar auf der Straße, aber der mäßige Verkehr macht das möglich. Am Brückerl Richtung Frauenstätt/Vorauf biegen wir nach links ab. Auch hier steht ein historischer Nutzbau, eine ehemals Holz verarbeitende Mühle. Der denkmalgeschützte, dreigeschossige Putzbau mit Flachsatteldach – im Kern aus dem Jahr 1765 – ist im 19. Jahrhundert erweitert worden. Seit einigen Jahren versucht man, das renovierungsbedürftige Anwesen wieder der ehemaligen Sägeaufgabe zuzuführen. Von hier aus zieht sich die Straße in einer steilen Linkskurve hoch zum Stöcklhof, einem Milchviehhof, wo man Bauernhofurlaub verbringen kann. Dass dann die Jungrinder schon mal im Garten unter den Apfelbäumen stehen, macht die eh schon schöne Lage des Anwesens um so unterhaltsamer. Auch die selbst gemachten Marmeladen, die in

Die Rote Traun bewegt auch heute noch Sägen und Mühlen.

Eins von vielen Sägewerken zwischen Siegsdorf und Inzell

einem kleinen Holzkiosk an der Straße angeboten werden, können ein lohnendes Mitbringsel sein. Wir haben jetzt ja schon geräucherte Forellen und Knuspriges aus dem Mühlenladen im Rucksack, da darf es auch noch süßes Selbstgemachtes sein. Steil und steiler geht's bergan, vorbei an Silageballen, die kräftigen Heugeruch verströmen, und an einem Aussichtsbankerl, das die Abzweigung zum Ferienpark Vorauf markiert.

Auf dieser eher übersichtlichen Tour verhungert man nicht. Ganz im Gegenteil, man nimmt auch noch Proviant mit, der einen noch lange an die lauschige Wanderung erinnern wird.

Nun wird es finster, denn es geht in die liebevoll, aber inoffiziell als Froschschlucht bezeichnete Senke, die sich der Frauenstätter Bach gegraben hat. Über Geröll und Sandbänke plätschert das Gewässer dahin, aber wehe, es hat ein paar Tage Starkregen, dann kann aus dem glasklaren Rinnsal ein brauner, Holz führender Fluss werden, der die Straße überschwemmt. Im Sommer aber bietet diese Bachlandschaft nicht

Die Ferienparkstraße ist ein Schattenparadies, doch der flache Bach kann auch anders.

nur Kühen kühlen Genuss, sondern auch Hunde können hier Wasser trinken und Kinder an den Ufern spielen, respektive gefahrlos im Wasser waten und die kleinen Fische beobachten oder auch Frösche und Kröten – weshalb hier im Frühjahr erhöhte Aufmerksamkeit gefragt ist, wenn diese auf ihren Wanderwegen die Straße überqueren.

Endspurt mit Steigung

Ab jetzt gibt's bis zum Parkplatz keine flache Stelle mehr. Wir gehen die steilen Kurven der Ferienparkstraße hinauf, vorbei am Haus Rittersporn und am Mitfahrbankerl, und biegen in den Heidekrautweg ein. Dem folgen wir, machen einen Schlenker in den Ligusterweg, wo wir beim Bauern weitere Marmeladen einkaufen und die Kinder Pony reiten lassen. Dann geht es zurück, den Ligusterweg entlang bis zur Ferienparkstraße. Der Endspurt war kräfteraubend und wir finden, dass wir mit der Nahrungsaufnahme alles richtig gemacht haben.

Zwischen Hochmoor, Pferden und einem einsamen Kiosk

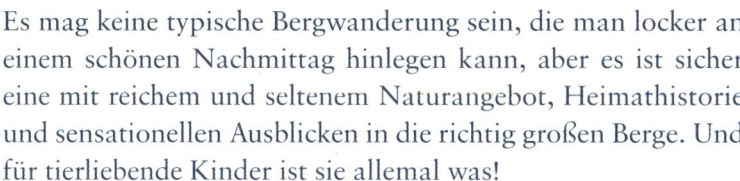

Route: Siegsdorf – Wernleiten – Eppenstatt – Siegsdorf
Länge: ca. 8 Kilometer
Gehzeit: ca. 3 Stunden
Start und Ende: Pendlerparkplatz Freibad Siegsdorf
Einkehrgelegenheit, Schwierigkeit mittel

Es mag keine typische Bergwanderung sein, die man locker an einem schönen Nachmittag hinlegen kann, aber es ist sicher eine mit reichem und seltenem Naturangebot, Heimathistorie und sensationellen Ausblicken in die richtig großen Berge. Und für tierliebende Kinder ist sie allemal was!

Als höchster Berg der Region, selbstverständlich außer den Chiemgauer Alpen, nimmt der Hochberg als Hausberg von Traunstein und Siegsdorf eine kleine Sonderstellung ein. Eigentlich liegt er ganz unscheinbar da. Wenn man die Autobahn A8 von München kommt, erscheint er als freundlicher, sanft grüner Hügel nördlich der Autobahnausfahrt Siegsdorf, die man auch nimmt, wenn man zum Startpunkt will, dem Pendlerparkplatz Strandbad Siegsdorf. Nach der Autobahnausfahrt links halten, Richtung Traunstein, und gleich nach der zweiten Ampel links einbiegen auf den Pendlerparkplatz. Von hier führt ein kleiner Fußweg unter der Bundesstraße hindurch zum Ortsteil Wernleiten. Wer noch keine Brotzeit dabeihat, kann dort im komfortabel bestückten Edeka und einem Getränkemarkt den Rucksack füllen. Den sollte man trotz wenig hochalpiner Herausforderung dabeihaben, denn die Tour dauert, je nach Verweilen an der ein oder anderen pittoresken Stelle, fast vier Stunden und wer nicht von Anfang an auf das malerisch am Gipfel des Hochbergs gelegene gleichnamige Gasthaus spekuliert, wird um eine Wegzehrung dankbar sein.

Sanfte Hügel, glückliche Tiere und dazwischen Hochmoor: Der Hochberg beruhigt.

Bärlauch und bäuerliche Architektur wechseln sich ab.

Steiler Einstieg

In Wernleiten, in der ersten Kurve zum Hochberg, startet der Weg nach oben. Recht gach geht es die ersten 50 Meter voran, aber keine Angst, so bleibt es nicht. Gutes Schuhwerk braucht es aber schon. Wie ein Dom schließen sich die mächtigen Fichten und Buchen über einem zu einem monumentalen, grünen Dach. Links zieht der Wald steil bergan, rechter Hand geht es zackig nach unten ins Tal der Roten Traun, die sich kurz hinter Wernleiten mit der Weißen Traun vermählt. Nach der ersten Schnauferei mildert sich der Weg, kolossale Bärlauchfelder ziehen sich die Wasserdobel hinab, je nach Jahreszeit kann da ein weißes Blütenmeer die Sinne auch mit dem typischen Knoblauchduft benebeln. Nach guten 25 Minuten wird Hinterwelln erreicht.

Auch wenn man das Gefühl hat, ein wenig zum Eindringling zu werden, weil der Wanderweg mitten durch den fesch herausgeputzten Hof führt, lohnt sich an diesem ein kleiner geschichtlicher Exkurs:

Bauernhaushistorie und die Bank bei Hinterwelln verzögern ein Weitergehen.

🏛 Amtlicher Einblick in die Jahrhunderte

Bereits 1305 wurde ein Wernhart von Aych am Lenzensperg, so der frühere Name der Erhebung, in den Urkunden der Zisterzienserabtei Raithenhaslach bei Burghausen erwähnt. Grundherrschaftlich gehörte der Einödhof zum Kloster Baumburg und wurde leibrechtlich vergeben. Die jeweiligen Hofinhaber zahlten den Lehen in Form von Hafer und einer Henne ans Kloster und das in den Jahren von 1584 bis 1803. Nach der Säkularisierung 1803 wurde der Hof dem Grundamt Traunstein zugeschlagen. Was der wahre Schatz des Anwesens ist, sind die fast lückenlos vorhandenen Dokumente über 600 Jahre Familiengeschichte. Heirats-, Schenkungs-, Lehensurkunden bis 1461 – hier sind bäuerliche Lebensumstände über

*Der Hochberg –
eine kleine Erhebung
vor den Alpen,
aber mit Weitblick!*

die Jahrhunderte bestens nachzuvollziehen: Aussteuer, Austragsbedingungen, Schenkungen – glückliche Fügungen und Schicksalsschläge für die Bewohner.

Die Tiere am Wegesrand machen den Wanderweg für Kinder ideal.

Auch wenn man eigentlich »nur« wandern wollte, ist die Historie des Orts ein Moment, um innezuhalten, zum Beispiel an der Bank an der Vorderwellnstraße, die am Anwesen vorbeiführt. Von dort entscheidet sich der faule Wanderer für den linken Weg, via Höll, direkt zum Gasthaus »Hochberg« (25 Minuten Gehzeit). Oder Sportliche für den Weg zum Pechschnait Hochmoor, die gleich an der Hinterwellner Bank beginnt und gut ausgeschildert ist.

Ein Schrei und Apfelbäume

Wenn wir uns für die sportliche Runde entscheiden, säumen schon kurz nach dem Wegweiser »Pechschnaitmoor« rechts und links große landwirtschaftliche Anwesen die noch geteerte Straße. Ein Pferdegestüt mit prächtigen Kaltblütern, dazu ein Ziegengehege, für Kinder schon ein richtiges Highlight. Dann ertönt ein herzzerreißender Schrei. Es sind die zwei Esel, die in einer Streuobstwiese ziemlichen Radau machen, und wenn man stehen bleibt, noch mehr. Gleich anschließend geht's in den Wald, vorher sollte man sich aber noch umsehen in der malerischen Hochebene, dazu gibt es am Waldeingang zwei Bank-

Flussurwald und Hochmoorvegetation sind etwas für Naturentdecker.

erl – schön für eine Brotzeit. Es folgt ein etwa 45-minütiger Weg durch alten Wald mit vielen forstwirtschaftlichen Lehrstücken: Jungbaumschonungen, die mit Verbissschutz ummantelt sind, Bergahorn, Buchen, wenig Fichte, Totholz, dazwischen immer wieder sauber angelegte Forstwege. Wenn Blaubeerzeit ist, wird man hier fündig, und im Frühjahr besticht das Grün.

🛶 Biotop pur

Um es wilder zu haben, kann man wenige Meter rechts vom Weg abschweifen. Entlang von Gewässerufern findet man kleine Urwaldlandschaften mit kolossalen Frauenmantelfeldern, glucksende Wasseradern, die wie ein Netz den abschüssigen, moorigen Boden durchziehen. Das Pechnaitmoor gehört zu den großen, mittlerweile wieder stark renaturierten Moorkomplexen des Salzach-Hügellands. Bemerkenswert sind hier die Wasserpflanzen wie Flutender Hahnenfuß, die zur Verbesserung der Wasserqualität beitragen. Zu sehr sollte man aber das kostbare Biotop nicht stören, in dem Kammmolch, Gelbbauchunke oder der Hochmoor-Großlaufkäfer wieder eine sichere Heimat gefunden haben.

Zurück am Hauptweg, folgt man immer der Ausschilderung Hochmoor-Runde, Pechschnaitmoor, bis sich schließlich die Landschaft weitet: ein fein struppiger Boden, für den der Borstgrasrasen sorgt, durchsetzt mit Birken und Sumpf-Glanzkraut. Dieses besondere Biotop wird seit Jahren renaturiert und wenn ab Mai/Juni die Dunklen und Hellen Wiesenknopf-Ameisenbläulinge herumflattern, scheint schon viel erreicht, denn die fein gebläuten Schmetterlinge sind eine Schlüsselart und haben enormen Einfluss auf den Artenreichtum eines Lebensraums.

Kurze Zivilisation, dann Belohnung
Ein wenig holt einen dann die Zivilisation wieder ein, denn die Runde führt gut 1,5 Kilometer auf der kaum befahrenen Straße entlang, bis linker Hand das Pferdegestüt Eppenstatt auftaucht. Prächtig in die Landschaft gegossen mit seinen Reitwegen und Koppeln. Ein Paradies für Züchter, Reiter und Kutscher. Wir biegen hier den Weg zum Gestüt ein, begleitet von Kutschen und Reitern, die hier ihre Übungsrunden ziehen. Rechter Hand lassen wir den kleinen Weiler Mitterbichl mit ebenfalls alten Gehöften und vielen Pferden liegen. Wir durchqueren das moderne Gestüt und folgen dem Weg Richtung Traunstein. Schließlich, kurz bevor sich der Weg hinunter zum Röthelbach windet, wartet an Sonntagen eine ganz besondere Überraschung auf den Wanderer: eine winzige, gepflegte Hütte, ein als Bar umfunktionierter Baumstamm und ein Sonnenschirm. Die Kinder des nahe gelegenen Anwesens bieten hier selbst gemachten Kuchen von der Oma, Kaltgetränke und Kaffee an. Als Obolus lässt man da, was es einem wert ist. Dass sich hier die Spaziergänger aus allen Richtungen zum Plausch treffen, ist ja klar. So charmant und unaufgeregt wird man auf wenigen Wegen bewirtet. Dann setzt man gestärkt den Weg fort, vorbei an einem emsig umflogenen Bienenstock und einem Holzlager – Produkte aus beidem kann man hier auch kaufen. Dann schließt sich ein Hohlweg an, der im Winter eine Herausforderung sein kann, und am Ende erreicht man den Goldbach, über den eine Brücke nach Mitterbichl hinaufführt.

An Sonn- und Feiertagen geöffnet. Das Pechschnaitmoor besticht durch federleichte Flora.

🏊 Das Märchen vom Goldbach

Wenn er so schön grün umrahmt, mäßig Wasser führend, dahinfließt, ahnt man nicht, was in ihm steckt. Tatsächlich hat er in historischen Zeiten zu einem kleinen Goldrausch geführt, denn die geologische Beschaffenheit seines Ursprungs schickt schillernde Quarze mit auf den Weg, Gold eher weniger. Für Kinder kann man natürlich eine kleine Goldschürfrast einlegen – Spielen in Bächen ist Naturkunde pur!

Der schön strukturierte Waldweg führt nun in einer Linkskurve zum Bauernhof Holzleitn, einsam, aber pittoresk gelegen. Weiter geht es über eine aussichtsreiche Hochebene mit typischer Hochmoorvegetation nach Kirchleiten, wo der Weg stets bergan wieder in den Wald führt. Vorbei an einer Schneebruchlichtung und beiderseits von einem Meer Blaubeerfelder gesäumt. Beim Anwesen Bergwiesen, das seinem Namen alle Ehre macht, trottet einem ein hoch gewachsener Berner Sennenhund entgegen, der sich als zutraulich erweist, auch wenn Schilder »vor dem Hunde« warnen.

Strahlene Farben an den Häusern des Hochbergs

Ausblick, Ausblick

Noch einmal geht es jetzt steil bergauf und wenn der Weg dann auf die Hochbergstraße trifft, wird der Abstecher zum »Gipfel« des Hochbergs genommen. Nicht, um den scheußlichen Sende-mast des Bayerischen Rundfunks zu erkunden, der hier schon seit 1960 dafür sorgt, dass auch im letzten Zipfel der Ostalpen statt der Fernsicht Fernsehen geht, sondern wegen der Ein-kehr im »Alpengasthaus Hochberg«, wo man im Wirtsgarten den Herrgott einen guten Mann sein lässt, weil die regiona-len Speisen so gut sind und dazu der Blick bis zum Großglockner reicht oder über das Bayerische Meer, den immer blauen Chiem-see. Eigentlich sollte man gleich dableiben – gepflegte Zimmer hat es –, und noch viele weitere Wege, die einen ganz nebenbei zum Liebhaber von Hochmooren machen. Aber das letzte Stückl der Tour hat auch noch etwas zu bieten, nämlich alte Bauern-häuser mit Bauerngärten wie aus dem Bilderbuch.

> *Häuser wie gemalt und die Landschaft ebenso.*

Wem auch nach innerer Einkehr zumute ist, der findet auf dem Hochberg Plätze.

Mystischer Spazierweg durch Römer- und Eiszeit

Route: Grabenstätt – Tüttensee – Marwang – Grabenstätt
Länge: ca. 6 Kilometer
Gehzeit: ca. 2 Stunden
Start und Ende: Rathaus Grabenstätt
Bade- und Einkehrgelegenheit, Schwierigkeit leicht

Wenn man ins Zentrum von Grabenstätt fährt, fällt sofort etwas auf: Das ganze Örtchen strahlt etwas Royales aus. Vielleicht liegt's am wieder aufgebauten Schloss Grabenstätt, das nun Haus des Gastes und Rathaus in einem ist, umgeben von einem gepflegten Park und flankiert vom Römermuseum. Ein gutes Stichwort, denn Grabenstätt hat römische Wurzeln, nachweisbar an den Grundmauern eines römischen Gutshofs. Richtig amtlich mit dem Örtchen wurde es dann 959 n. Chr., besiegelt durch König Otto den Großen in Salzburg. Und salzburgisch blieb das kleine, in der Nähe des Chiemsees gelegene Grabenstätt auch bis 1275, dann erst kam es zurück an Bayern. Lange blieb es aber noch am wirtschaftlichen Gängelband des mächtigen Salzburg, war laut eines Urbarium an weitreichende Lehensverträge gebunden. Grabenstätt, heute ein hübsch-neoklassizistischer, rosafarbener Bau, war lange eine offene Hofmark, die 1803 mit der Säkularisation aufgelöst wurde. Damals bestand Grabenstätt aus 62 Anwesen und zwei Friedhöfen. Diese über Jahrhunderte Gewachsenheit sieht man dem Ort auch an, der heute neben 59 landwirtschaftlichen Betrieben veritable Gasthäuser stehen hat, Kindergärten, eine Schule und die neoromanische Kirche St. Maximilian sowie die Filialkirche St. Johann, die auf eine über 1000-jährige Geschichte zurückblickt. Unter diesem Eindruck starten wir unsere wirklich kaum Steigungen enthaltende Landpartie gleich am Parkplatz des Römermuseums.

Badeparadies, Ufer zum Schlemmern und rätselhafter Grund: der Tüttensee.

Die Römer wussten, wo es schön ist. Auch alte Schilder wirken hier pittoresk.

🏛 Römermuseum Grabenstätt

Das Museum – zu einem Großteil mit den Exponaten einer Privatsammlung ausgestattet – ist seit 2012 in der Schlossökonomie in Grabenstätt untergebracht. Auch Fundstücken aus der römischen Besiedlungsgeschichte, die in der Umgebung von Grabenstätt und den angrenzenden Gemeinden gefunden wurden, sind zu sehen. Mittelpunkt der Ausstellung ist das älteste exakt datierte Dokument Bayerns: ein Militärdiplom aus dem Jahr 64 n. Chr. Es bestätigt Hilfssoldaten das römische Bürgerecht und das Recht auf Eheschließung. Dass die damaligen Römer das liebliche Bayerische Meer dem Mittelmeer und dem sumpfigen römischen Umland vorzogen, mag man gerne glauben. Noch heute kann so manche Chiemgauerin und so mancher Chiemgauer phänotypisch eine gewisse mediterrane Erscheinung aufweisen.

Aktuelle Öffnungszeiten müssen im Rathaus Grabenstätt erfragt werden.

Römermuseum Grabenstätt, Schloßstraße 15, 83355 Grabenstätt

Die Wege führen durch Gärten und über Bäche.

Aber erst einmal folgen wir ab dem Museum auf der Schloßstraße der Ausschilderung zum Tüttensee. Der Weg führt über den Grabenstätter Mühlbach, der an Gärten, Mühlen und Häusern vorbeimäandert und dem Ort ein malerisches Aussehen verleiht. So mancher Anrainer hat sich hier ein Uferidyll geschaffen, auf das man neidisch werden könnte. Wir können bald mehr davon sehen, denn beim Abbiegen in die Entenmühlstraße laufen wir an vielen Eins-a-Plätzen vorbei, passieren Bauernhöfe, bis wir auf ein Eselgehege stoßen. Die drei Bewohner mustern uns mäßig interessiert, als wir weitergehen bis zu einem kleinen Feldweg, der uns von der Besiedlung wegführt. Es ist sogar weniger als ein Feldweg, mehr ein Trampelpfad, aber die Richtung stimmt. Von Grabenstätt aus liegt der Tüttensee im Osten. An einer Bank mit Baum und Brücklein überqueren wir den Marwanger Bach. Stimmt, das Örtchen Marwang schließt sich an Grabenstätt an. Es geht grad dahin. Links sieht man die Silhouette von Marwang auftauchen, rechts stapeln sich die Chiemgauer Alpen mit all ihren Wetterformationen, die dort über dem Unterwössener Tal besonders dramatisch werden können. Zu-

Die Bänke stehen immer richtig.

nächst bleibt aber noch alles ruhig, als wir vereinzelt Hunden und ihren Menschen begegnen, die dieses herrlich unprätentiöse Wegerl zum Ausführen nutzen. Marwang wird langsam größer, auffällig ist der Kirchenbau mit seinem imposanten Walmdach und außerdem die Geschichte des Ortes.

Italien in Bayern einmal wieder

Erwähnt wird das Kirchdorf bereits im 8. Jahrhundert in den »Notitia Arnonis«, einem Verzeichnis aller Schenkungen bayerischer Herzöge und Adliger an das Erzbistum Salzburg. Diese 788 angelegte Liste entstand kurz nach dem Übergang der bayerischen Herrschaft der Agilolfinger an die fränkischen Karolinger im Jahr 780 und ob alle Schenkungen wirklich sehr freiwillig waren, das bezweifeln Berichte über »Befragungen«, dem Euphemismus für Folter. Jahrhunderte später bekam Marwang selbst eine Schenkung: Gräfin Maria Katharina von Törring ließ 1648 die Kirche mit dem auffälligen Dach errichten, eine sogenannte Loretokapelle mit großen Rundbogenöffnungen, die im 19. und 20. Jahrhundert weiter ausgestattet wurde.

Mal spiegelt sich der Himmel, dann wieder lockt ein Baumriese.

Die Legende um die italienische Loretokapelle in Loreto bei Ancona, einem Wallfahrtsort, der sich darauf beruft, dass Engel der Heiligen Familie im Jahr 1295 deren Haus von Nazareth nach Ancona gebracht haben, hat die Gräfin inspiriert, auch im Chiemgau solch einen erwählten Ort zu errichten. Viele Votivtafeln aus mehreren Jahrhunderten in der Marwanger Loretokapelle bezeugen, dass der Wunsch der Gräfin aufgegangen ist: Auch hierher ins Bayerische wurde gepilgert und noch kurz vor ihrem Tod veranlasste die Gräfin den Bau eines Rundwegs um die kleine Wallfahrt.

Das Örtchen Marwang hat also einen Abstecher verdient. Danach kehren wir auf der Max-Buchfellner-Straße zum Anfang des Tüttensee-Rundwegs zurück. Oder aber wir folgen unserem Weg weiter, überspringen erneut den Marwanger Mühlbach, der hier eine Schleife macht und mit einem verschilften Ufer eine schöne Wegmarke setzt. In der Ferne blitzen schon die Autos vom Parkplatz Tüttensee und wir gehen an Pferdekoppeln vorbei bis zum Einstieg in den Rundweg.

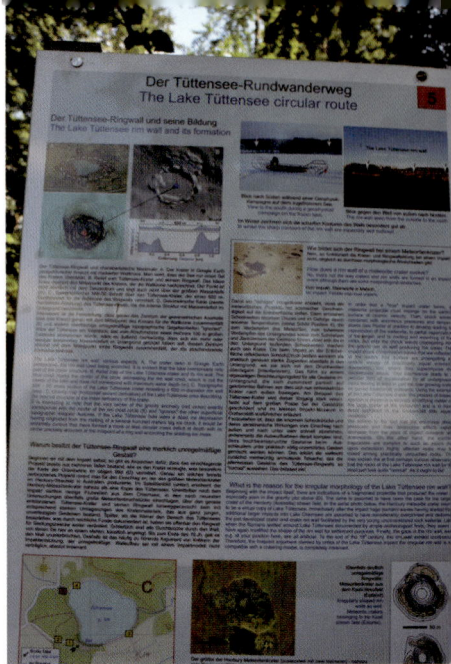

Natur und Spekulation, dicht beinand am Tüttensee.

Streit um Steine

Der Tüttensee, unser Ausflugsziel, ist ein außergewöhnlicher Zankapfel, was seine Entstehungsgeschichte betrifft. Da haben wir einmal die Theorie, dass er vor ca. 2500 Jahren aufgrund eines Meteoriteneinschlags entstanden ist. Vertreten wird dies von dem so genannten CIRT, Chiemgau Impact Research Team, das ziemlich werbe- und medienwirksam seine These verbreitet. Auf der anderen Seite belegen zahlreiche Wissenschaftler, dass dies aufgrund der Bodenuntersuchungen gar nicht möglich sei. Der Tüttensee sei, wie so viele Seen des Alpenvorlandes, ein Toteissee und habe sich durch die Furchen und Löcherbildung der sich zurückziehenden Eiszeitgletscher gebildet. Beide Thesen sorgen journalistisch immer wieder für kontroverse Berichterstattungen.

Wie präsent die Theorie des CIRT-Teams zur Entstehungsgeschichte des Tüttensees ist, zeigt der Rundweg, der mit Hintergrundinformationen zum großen Impakt eines Meteoriten beschildert ist. Man will dem auch fast glauben, denn eine Art Kraterrand, der diesen Einschlag unzweifelhaft nachweisen soll,

Ganz von Wald umrahmt ist der Tüttensee.

Man sitzt nicht nur gut, sondern isst auch hervorragend im Seebad.

ist deutlich zu sehen. Rund um den Tüttensee zieht sich tatsächlich ein Wall. Viele Tafeln zeigen Analogien zu anderen Impaktlöchern auf der ganzen Welt. Selbst wenn es nicht stimmt, erfährt man viel zur Meteoritenforschung, zu Kometen und zur örtlichen Vegetation. Wie der See nun wirklich entstanden ist, ist aber eigentlich auch egal, denn Hauptsache, es gibt ihn. Von zahlreichen Badebuchten kann man ihn entern und im bacherlwarmen Wasser schwimmen, weshalb man auf dieser Wanderung zwischen April und Oktober unbedingt Badesachen dabeihaben sollte. Im Winter schwimmen hier nur die örtlichen Hartgesottenen.

Schmackhafte Belohnung

Nach einer guten halben Stunde hat man den See im Uhrzeigersinn umrundet und landet am Seebad Tüttensee, einer gepflegten Badeanstalt mit Liegewiese und Stegen und, was das Allerwichtigste ist, einem kleinen gastronomischen Highlight: Ein hipper Kiosk ist für das schnelle Glück, zum Beispiel in Form eines Eisbechers, da. Auf der Terrasse kann man herrlich direkt

Kneippen mitten im Schilf. In Grabenstätt ist auch das Rathaus bewachsen.

am See sitzen und köstliche Gerichte essen. Selten war ein See-Restaurant malerischer und dabei kulinarisch so auf der Höhe. Gestärkt verlassen wir den Tüttensee-Rundweg, schlagen uns durch Wiesen zur Straße durch, die wieder nach Grabenstätt zurückführt und an der man gut entlanggehen kann. Ab Orts-eingang folgen wir kurz der Tüttenseestraße und biegen dann rechter Hand in den Obermühlenweg ein, der uns zum Dorf-teich führt, auf dem man Reiher beobachten kann. Oder man folgt dem Hinweis zum Kneipp-Becken, das zwar etwas ver-steckt liegt, aber seinen Zweck erfüllt. Zurück am Schlossteich, der einen gesunden Seerosenbewuchs aufweist, schlendern wir zwischen üppige Vorgärten und Häusern die Von-Wrede-Stra-ße entlang, statten dem Schlosspark noch einen kleinen Besuch ab und sind zurück am Auto. Wer noch mehr zum Meteoriten-einschlag wissen möchte, geht in das ebenfalls in der Schloss-ökonomie untergebrachte Kratermuseum Chiemgau-Impakt.

Seebad Tüttensee, Lueg 2, 83377 Vachendorf
www.tuettensee-seebad.de

Bei den Mühlen an der Traun: zu Fuß oder per Rad von Traunstein nach Traunwalchen

Route1: Traunstein – Aiging – Traunwalchen – Traunstein
Länge: 15 Kilometer (ohne Bahnfahrt)
Gehzeit: 2 bis 3 Stunden plus Radlzeit 1 Stunde
Start und Ziel: Bahnhaltepunkt Traunstein/Bad Empfing
Bade- und Einkehrgelegenheit, Schwierigkeit mittel

Als typischer Chiemgau-Fluss kommt die Traun aus den Bergen, fließt nach Norden und als Gast von Inn und Donau bis ins Schwarze Meer. Vorher sammelt sie noch als Weiße Traun diverse Bäche bei Ruhpolding ein, nimmt bei Siegsdorf die Rote Traun mit auf und mündet nach rund 35 Kilometern bei Altenmarkt in die Alz. Bis dahin mäandert sie durch Wiesen- und Waldgründe und bietet immer wieder mit ausgedehnten Kiesbänken viele naturbelassene Badeparadiese. Wer genau hinschaut, sieht freilich, dass der Fluss schon vor langer Zeit behutsam eingefasst, gelenkt, gestaut und angezapft wurde. Das ist im Trauntal seit Generationen das Werk der Müller und weil es deren Wehre und Mühlbäche schon sehr lange gibt, sind die später üblichen Begradigungen der Traun zum Glück erspart geblieben. So ist zwar keine echte Mühlenromantik entstanden, doch die Wehre und Stauwerke fügen sich quasi natürlich ein in die grünen Uferböschungen und bewaldeten Steilufer zwischen Traunstein und Traunwalchen. Wo wir heute unterwegs sind, scheint es nie anders ausgesehen zu haben, mal sehen wir die Traun tief unter uns, mal fließt sie direkt neben unserem Weg und manchmal ist sie auch ganz außer Sicht. Wenn es dann trotzdem vor uns rauscht wie ein Wasserfall, wird es spannend, dann sind wir bald an einem Wehr und das ist im Trauntal immer einen Besuch wert.

Mühltaler Bachforelle. Klobenstein mit Durchblick

Wir steigen unterwegs um aufs Radl

Unsere Landpartie beginnt zunächst auf idyllischen Wald-
wegen, später dann sind wir mit den Fahrrädern auf sonnigen Asphaltsträßchen unterwegs und zum Schluss geht es
mit der Regionalbahn wieder zurück zum Start in Traunstein. Damit das klappt, haben wir vorher unsere Räder in
Aiging bei der historischen Tafernwirtschaft deponiert und
unser Auto in der Kotzinger Straße bei der Einfahrt zum
TÜV geparkt.

Dort gehen wir los, überqueren die Wasserburger Straße an
der Friedhofskirche und nehmen den Fußweg parallel zur
Straße. Nach ca. 200 Metern biegen wir rechts in den ersten
breiten Waldweg ein. Wir halten uns rechts und an der letzten
Wegkreuzung geht es steil nach unten Richtung Kläranlage.
Deswegen nehmen wir lieber den Weg nach links, oben an
der Kante des Hochufers entlang. Vom Stadtverkehr ist nichts
mehr zu hören, ringsum nur hoher, alter Mischwald und all-
mählich ahnen wir, dass uns ein schöner Tag erwartet.

Sommerliches Traunflimmern

Weil wir gespannt sind auf die Traun, klettern wir beim Hinweisschild »Klobenstein« den abschüssigen Treppensteig hinunter zum Fluss. Aus der schroffen Nagelfluhwand, die wir gerade bezwungen haben, soll vor Urzeiten ein gewaltiger Brocken herausgebrochen und in die Traun gestürzt sein, wobei er sich in zwei Teile gespalten hat. Den Größeren können wir über eine schmale Treppe besteigen, von dort oben ist die Aussicht auf den Fluss bezaubernd. Das Wasser glitzert im Gegenlicht, zwei Fliegenfischer schwingen ihre Angelruten, ein Bild wie aus Finnland oder Kanada. Auf dem kleineren Felsen steht eine Marienkapelle, an ihrem Altar brennen viele Kerzen und um diesen Kraft- und Andachtsort rankt sich natürlich auch eine wunderbare Legende, nachzulesen auf einer Tafel.

Vom Klobenstein gehen wir flussabwärts unter der neuen Straßenbrücke hindurch, über die in luftiger Höhe der Verkehr über das Tal brummt. Das war für heute die letzte Demonstration moderner Technik, für die nächste Stunde bewegen wir uns nur noch durch stillen, idyllischen Auwald. Dabei ist der Fluss mal

Steiler Aufstieg am Kalten Bründl

verschwunden, dann plötzlich wieder dicht neben uns und am Ufer gegenüber rauscht er durch eine enge Kurve. Hier stehen auf einer Kiesbank Fantasiegebilde aus Treibholz, spielerische Spuren der Trauntaler Jugend? Schön muss es sein, hier groß zu werden! Am Kalten Bründl, einer steingefassten Quelle mit ein paar Rastbänken, macht der Fluss am Steilufer einen 90-Grad-Bogen, was uns treppauf nach oben zur Uferkante zwingt. Dieses Auf und Ab passiert uns noch öfter, wobei wir uns, oben oder unten angekommen, am besten immer rechts halten. Gerade treten wir aus dem Wald ins Freie, vor uns ein Sägewerk mit einem riesigen Lagerplatz, und tief unter uns hören wir es schon länger rauschen. Wenn es ein Wehr ist, müssen wir uns das ansehen.

Traun-Mühlen machen heute sauberen Strom

Dafür können wir das Asphaltsträßchen hinunter zum Weiler Mühltal nehmen, doch viel reizvoller ist der Weg oben auf der Uferkante. Er beginnt dort, wo uns das gelbe Schild des Wanderweges in die Gegenrichtung führen will. Wir betreten statt-

Treibholz-Spielerei und Mühltaler Idylle

dessen an der Straßenseite gegenüber einen nach Schwammerln
duftenden Buchenmischwald, der hin und wieder den Blick
steil nach unten frei gibt (nur für Schwindelfreie!) und manchmal auch ein Panorama bis zu den Bergen bietet. Das Mühltal selbst ist eine romantische Wald- und Wieseninsel, an drei
Seiten von der Traun umflossen, während die vierte Seite der
Mühlbach übernimmt; über zwei Brücken führt ein Sträßchen
hindurch und ringsum ist alles nur grün und friedlich. Gerade
wird Heu eingefahren und eine Mühle gibt es natürlich auch,
heute als E-Werk betrieben, dort, wo Mühlbach und Traun
wieder zusammenfinden. Das dazu nötige Wehr liegt genau
am anderen Ende des Tals und weil es die Woche vorher viel
geregnet hat, rauscht die Traun mit Wucht über die Wehrkan-
te. Die Kiesbänke darunter sind trotzdem gut erreichbar, nur
eine kleine Kletterei und wir können in Ruhe nach originellem
Treibholz und schönen Steinen suchen.

Das ist beim nächsten Wehr leider nicht möglich, dafür liegt es
aber direkt an unserem Wanderweg, der uns ab dem Sägewerk
wieder auf und ab durch den Wald geführt hat. Zwei Fluss-

Am Aiginger Doppelwehr

barrieren sind es diesmal, schräg versetzt hintereinander, mit jeweils einer Schleuse auf beiden Seiten des Flusses! Eine imponierende Anlage und beim gerade hohen Wasserstand auch nicht zu überhören. Auf unserer Seite dürfen wir »auf eigene Gefahr« die Schleuse überqueren, was uns auf der Schleuseninsel einen tollen Blick flussauf- und flussabwärts beschert. Noch 10 Minuten Waldweg direkt am Mühlbach entlang und wir sind in Aiging, wo der Mühlbach still und dunkelgrün zwischen den Gebäuden eines Hofs verschwindet.

Eine rote Ampel mitten im Grünen

Wir haben oben an der historischen Wirtschaft, die leider geschlossen ist, unsere Räder abgeholt und kommen hier noch einmal vorbei. Als neugierige Touristen erfahren wir, dass aus der ehemaligen Mühle auch hier ein kleines E-Werk geworden ist, man lässt uns sogar ein paar Fotos von der fleißig summenden Turbine machen.

Mit den Rädern fahren wir über die Traunbrücke auf die andere Seite Richtung Kaltenbach und stehen zu unserer Ver-

Mühlentechnik in Kaltenbach

blüffung nach kurzer Zeit mitten im Grünen an einer roten Ampel. Das Rätsel löst sich beim Weiterfahren: Kurz vor der Ampel haben wir einen Bach überquert, der sich jetzt als Kanal so dicht an die Straße zwängt, dass zwischen Wald und Wasser nur noch eine Fahrspur Platz hat. Ein Mühlbach mit Vorfahrt, der sich bei unserem letzten Wehr auf den Weg gemacht hat. Mit Nachdruck schiebt er sich jetzt noch 2 Kilometer bis zu seiner Arbeit an der Kaltenbacher Mühle, die früher einmal Korn gemahlen hat.

Daran erinnert ein leicht völkisch anmutendes Wandgemälde aus einer Zeit, in der Elektrizität noch nicht so wichtig war. Der Bach kommt mit Schwung aus einem dunklen Schacht wieder ans Tageslicht, neugierig ra-

Traun-Mühlen machen heute statt Mehl sauberen Strom.

deln wir seinem Verlauf nach und hören es nach 100 Metern schon wieder rauschen. Das Gefälle reicht hier offenbar noch für ein kleines, privates E-Werk. Kaltenbach hatte neben seinem Müller auch noch einen Brenner, heute noch als die Des-

Bauerngarten bei Arleting

tillerie Schnitzer am Ort. Ihr komplett mit Efeu bewachsenes Stammhaus verweist auf eine lange Tradition, die angebotene Führung zu den »Bränden & Likören« heben wir uns aber für eine spätere Gelegenheit auf.

Destillerie K. u. S. Schnitzer GbR, Kaltenbach 1, 83278 Traunstein
www.destillerie-schnitzer.com

Für kurze Zeit verlassen wir jetzt das Trauntal und fahren im kleinen Gang bergauf durch den Wald bis Neuhausen. Weiter auf einem kaum befahrenen Sträßchen kommen wir über Arleting und Schmieding bis nach Traunwalchen. Prachtvolle Bauerngärten liegen am Weg und der Blick über das grüne Land bis zu den Bergen ist einfach zu schön, um nicht immer wieder anzuhalten; zum Schluss geht es auch noch flott bergab – einfach eine Fahrt mit Genuss! An der ersten Kreuzung in Traunwalchen fahren wir noch einmal bergab in die Mühlenstraße, unten liegt die Talmühle von Dr. Peter Ramsauer, ein stolzes, vierstöckiges Mühlengebäude, um das sich allerlei Gewerbe

Die Kaskaden der Ramsauer Talmühle

angesiedelt hat, und wo, wir kennen das schon, statt gemahlenem Korn elektrische Energie erzeugt wird. Auf der Rückseite einiger Gewerbehallen führt der Weg durch eine Umzäunung über grüne Wiesen zum Traunufer und zur größten und imponierendsten Wehranlage des Tages.

Die Wasserspiele von MdL Ramsauer

Es macht schon Eindruck, wie hier das Wasser über drei Stufen nach unten fällt, fast wie bei den Kaskaden königlicher Gartenanlagen des 19. Jahrhunderts. Doch wir sind in der Moderne, das zeigt uns die Spindelturbine, über die bei hohem Wasserstand zusätzlich Energie gewonnen wird. Das Flussbett der Traun unter den Kaskaden ist breit und flach, ihre Ufer und Kiesbänke sind der ideale Rast- und Tummelplatz für entspannte Wochenenden, Bäume spenden Schatten und Kinder können überall im klaren Wasser ihre kleinen Staumauern bauen. Den Platz sollten wir uns für einen passenden Tag merken, denn wir sind bestimmt nicht zum letzten Mal an der Traun gewesen! Für heute fahren wir erst einmal in Traunwalchen über die Brücke hinüber nach Matzing. Dort wartet auf uns die Regionalbahn, die uns samt Fahrrädern wieder zurück nach Traunstein bringt. Tickets können wir im Zug lösen, bis zum Halt »Klinikum« sind es ca. zehn Minuten Fahrt. Von dort mit dem Fahrrad durch die Herzog-Wilhelm-Straße zur Wasserburger Straße und zum Parkplatz beim TÜV ist es nur noch 1 Kilometer.

🏛 **Wie Schloss Pertenstein gerettet wurde: Hans Laubers Kulturzentrum an der Traun**

Flussabwärts, nicht weit von der Brücke in Traunwalchen, rauscht es noch einmal, diesmal am Wehr der historischen Walzmühle in Pertenstein. Das ist jedoch zu Fuß nicht erreichbar und nur von der Fußgängerbrücke aus zu fotografieren. Und weil dabei ein Schloss als Hintergrund dient, ist das eines der beliebtesten Fotomotive im Landkreis geworden. Schloss Pertenstein mit dem typischen Spitzturm und den schmucken Fensterumrahmungen stammt ursprünglich aus dem 13. Jahrhundert, gehörte zuletzt der Graf Törring'schen Verwaltung und drohte nach dem Zweiten Weltkrieg zu verfallen. Der Lehrer und Musikschulleiter Hans Lauber aus Traunwalchen konnte das nicht mitansehen und übernahm im Jahr 1968 für einen symbolischen Preis Schloss, Hofmark und 16 Hektar Grund als Erbpächter. Ein engagierter Verein sorgte über Jahre für die fachgerechte Sanierung und heute ist sein Schloss Pertenstein ein weithin bekanntes Kulturzentrum, das Theaterpremieren, Orff-Musiktage und Konzerte im Programm hat. Es gibt einen jährlichen Kunsthandwerkermarkt und für Hochzeitsfeiern ist das Schloss auch zu haben.

Am Ende der Tour könnte sich der kleine Hunger melden. Für diesen Fall bietet sich das »Cafe am Schloss Pertenstein« an, mit ruhiger Sonnenterrasse und einem charmanten Angebot.

Telefon: 08669/6500
Schloss Pertenstein, Schloßstraße 4, 83301 Traunreut/Matzing
www.schloss-pertenstein.de

Hier bekam das »Bayerische Meer« seinen Namen …

Route: Chieming – Seebruck – Chieming
Länge: 7 Kilometer (ohne Dampferfahrt)
Gehzeit: 2 bis 3 Stunden
Start und Ziel: Seeparkplatz in Chieming
Bade- und Einkehrgelegenheit, Schwierigkeit leicht

Der Legende nach gefielen einem adeligen Siedler namens »Kiemo« die Sonnenuntergänge am Ostufer des Chiemsees so gut, dass er sich dort niederließ. Das war im 8. Jahrhundert und der Lieblingsplatz dieses Gaugrafen heißt heute Chieming. Womit der Ort allgemein als Namensgeber des Chiemsees und des Chiemgaus gilt, aber, wie gesagt, nur der Legende nach. Tatsache ist jedoch, dass der Chiemgau wie »Kiemgau« ausgesprochen wird, so wie der Bayer zu China eben »Kina« sagt. Das bitte nur als Hinweis nehmen für auswärtige Erstbesucher, die nicht gleich als solche erkannt werden wollen.

Graf Chiemo ist aber auch als Legende recht lebendig. Er taucht in historischen Romanen auf, Pizzerien nennen sich »Conte Chiemo« und die Wasserwacht tauft Boote nach ihm. Dass er ausgerechnet hier vorbeigekommen sein soll, hat seine Gründe. Die römische Handelsstraße von Salzburg (Iuvavum) über Seebruck (Bedaium) nach Augsburg (Augusta Vindelicorum) verlief ganz in der Nähe und war auch noch zu Chiemos Zeiten eine wichtige Reiseroute.

Den Römern war es direkt am See zu sumpfig

Auf unserer heutigen Landpartie wandern wir ein kurzes Stück parallel zu ihr, von Chieming bis nach Seebruck, direkt am Seeufer entlang. Zu diesem hielten die historischen Reisenden noch Abstand, es war ihnen zu sumpfig und zum Baden hatten sie ver-

Seestück ganz privat

mutlich auch keine Zeit. Heute ist das zum Glück anders, die Zeit nehmen wir uns einfach, auch zum Baden, und am Schluss für eine Dampferfahrt zurück.

Am Chieminger Ufer sind die Sonnenuntergänge immer noch sehr beliebt, was am weiten Blick nach Westen liegt, der erst nach 10 Kilometern auf das andere Ufer trifft, das je nach Wetter auch mal unsichtbar ist. Dann wird der Chiemsee zum Bayerischen Meer. Dessen Strand haben die Chieminger zum Glück für alle frei zugänglich gelassen, an nahezu jeder Stelle kommt man über Stufen oder kleine Pfade hinunter zum schmalen Kiesstrand und wer dort im Baumschatten seinen Platz gefunden hat, ist für den Rest des Tages glücklich. Unsere Wanderung nach Seebruck beginnt auf der »Strandpromenade«, die aber längst nicht so vornehm ist, wie sie klingt. Links von uns das Bayerische Meer, rechts gelegentlich Liegewiesen für jedermann und auch der eine oder andere Kiosk bietet sich an. Wenn dann der Asphalt zu Ende ist, beginnt das Grün des Uferwaldes, so dicht und naturbelassen, dass wir den See neben uns nur noch erahnen können. Bis Seebruck bleibt unser Weg so grün und meist auch breit ge-

Der See ist nicht weit.   *Weg Richtung Seebruck*

nug, um nebeneinander zu gehen, ungestört durch Radler, denn die müssen da fahren, wo früher die Römer marschierten. Rechts von uns sehen wir sie in der Ferne strampeln, wenn wir uns dem »Seehäusl« nähern, einem verträumt gelegenen Gasthaus mit Seezugang und Campingplatz.

Restaurant-Cafe-Campingplatz »Seehäusl«, Beim Seehäusl 1, 83339 Chieming/Stöttham, www.camping-seehaeusl.de

Das geplante Bad im See verschieben wir, da kommt sicher noch der richtige Platz. Der nächste Kilometer geht wieder durch dichtes Grün und das Bayerische Meer ist weit weg. Laut Karte sind wir auf dem Wegstück namens »Seeleite«, und das leitet uns direkt in einen Seglerhafen. Auf den Wiesen rund um einen Bauernhof lagern zahllose Boote und am Ufer herrscht reger Betrieb: ein Bootshaus mit Windsack, ein geräumiger Badesteg und als nahes Schwimmziel sogar eine Mini-Insel. Dazu der unvergleichliche Blick auf See und Berge – bleiben wir? Vielleicht gibt es ja noch den Platz mit weniger Trubel, schauen wir also weiter.

Das Warten hat sich gelohnt.

Da ist er endlich, unser privater Badeplatz!

Der Weg wird jetzt lichter, linker Hand nur noch Schilf und Gebüsch, am zweiten Trampelpfad Richtung See trauen wir uns schließlich – und haben Glück. Nach ein paar Metern durch den Busch ist er da: der erträumte kleine Kiesplatz mit »Meerblick«, ganz für uns. Das Wasser ist traumhaft, Brotzeit und Getränk haben einen Schattenplatz und eigentlich könnten wir hier den Rest des Tages zubringen. Den verführerischen Gedanken stört eigentlich nur der Sommerfahrplan der Chiemsee-Schifffahrt: letzte Rückfahrt ab Seebruck um 18 Uhr, danach geht nichts mehr.

Also machen wir uns rechtzeitig auf den Weg. In einer Bucht steht als Pfahlbau das Badehaus vom Hotel »Zum Goldenen Pflug«, von seinem Steg aus kann man tolle Fotos in alle Himmelsrichtungen machen, was auch die Radler nutzen, die seit Kurzem wieder auf den Uferweg dürfen. Spätestens jetzt wird uns klar, dass wir uns Seebruck und seinem Badestrand nähern. Gerade treffen die Feierabendschwimmer auf die Tagesbadegäste, die wieder zu ihren Parkplätzen oder Richtung Dampfersteg aufbre-

Zurück nach Chieming mit der MS Edeltraut

chen. Wir sind also wieder unter Menschen, doch die Stimmung ist entspannt, wie es sich nach einem Sommertag am See gehört. Auf dem Oberdeck der »MS Edeltraut« finden wir einen luftigen Platz, genießen noch einmal den Blick auf den See und die Berge und freuen uns über die Begeisterung der vielsprachigen Passagiere. Auf der Terrasse des Strandcafés »Sonnendeck« in Chieming warten schon die ersten Gäste auf den Sonnenuntergang.

Café »Sonnendeck«, Grabenstätter Straße 14, 83339 Chieming, www.sonnendeck-chieming.de

Wir wollen uns noch kurz das Mühlenhaus an der Krebsbach-Mündung anschauen, 1848 hat man es gebaut, in einer Zeit, in der noch niemand in Chieming an Tourismus gedacht hat. Bei unserem Aufbruch am Vormittag sind wir achtlos daran vorbeigegangen, jetzt wollen wir mehr wissen. Die Zeilen auf dem Schild zur Ortsgeschichte sind schnell gelesen, die Stichworte lauten: Töpferglasur, Schnupftabak und Elektrizität. Neugierig geworden?

Im Römermuseum Seebruck

Der Scherben-Kare und seine Funde: das Römermuseum in Seebruck

Vor rund 2000 Jahren wurde der Chiemgau auf friedlichem Weg Teil der römischen Provinz Norikum. Die keltischen Noriker arrangierten sich lieber mit den Eroberern aus dem Süden, als mit ihnen Krieg zu führen. Auch sie hatten am Alzabfluss in Seebruck bereits ihren Handelsplatz Bedaium, benannt nach dem keltischen Flussgott Bid. Für die Römer wurde der Ort ein strategisch wichtiger Brückenkopf an ihrer Straße zwischen Salzburg und Augsburg. Am linken Alzufer errichteten sie ein Kastell und über Jahrhunderte ließen sich römische Handelsherren um den Chiemsee herum auf luxuriösen Landgütern nieder.

Die Seebrucker hat das lange Zeit überhaupt nicht interessiert, bis dann Carl Ostermayer, Fotograf und Hobbyarchäologe, ihnen die Augen öffnete. Der »Scherben-Kare«, wie sie ihn nannten, entdeckte bei Grabungen neben Scherben auch Münzen, Fibeln, Schmuck, Waffen, Werkzeuge und die ersten von vielen Gräberfeldern aus der Römerzeit. Eigentlich waren Grabungen von Laien schon in den 1960er-Jahren nicht ganz legal und man-

Römerfest in Seebruck

cher Seebrucker Bauherr hätte sich gerne später darauf berufen. Doch Carl Ostermayer war mit der Zeit halboffizieller Lokalarchäologe geworden: Wo immer ein Bagger ansetzte, war der Scherben-Kare zur Stelle. Dass er mal nichts fand, war die Ausnahme, und so entstand sein kleines, privates Römermuseum.

Eine frische Betonmauer am Friedhof ließ er wieder abreißen, man hatte sie genau auf den alten Fundamenten des römischen Kastells hochgezogen. Nicht weit von dieser Stätte des Frevels steht heute das neue Römermuseum Bedaium, eingeweiht im Jahr 1988 wird es von der Prähistorischen Staatssammlung in München betreut und das sieht man: moderne Vitrinen, professionelle Beleuchtung und weit über 500 Exponate!

Bei Grabungen fand der »Scherben-Kare« immer etwas.

Die Seebrucker sind längst richtig stolz auf ihren Scherben-Kare. Beim jährlichen Römerfest zu seinem Gedenken füllen sich Straßen und Plätze rund um das Museum mit Kelten, Römern

Sommer am Seglerhafen bei Schützing/Seeleite

Keltendorf in Stöffling

und Germanen, mit Handwerkern, Musikanten und antiken Garküchen. Wer das Fest verpasst, sollte auf jeden Fall das Museum besuchen.

Römermuseum Bedaium, Römerstraße 3, 83358 Seebruck
https://roemermuseum-bedaium.byseum.de

🏛 Einmal im Jahr mit den Kelten feiern: das Keltendorf in Stöffling

Als die Römer den Chiemsee entdeckten, waren die Kelten schon lange da. Diese »Chiemgau-Kelten« gehörten zum Königreich der Noriker, das sich über Österreich bis nach Slowenien erstreckte und im Osten Bayerns bis an den Inn reichte. Die Kelten als unmittelbare Vorfahren der Bayern zu sehen, diese Erzählung hat heute für viele einen großen Reiz, Touristiker und Hobbyhistoriker eingeschlossen. Und wie gesagt, sie waren eher da, zum Beispiel auf dem Hügel nahe Seebruck, auf dem heute der Weiler Stöffling liegt. Professionelle Ausgrabungen haben dort Tausende keltische Münzen, Keramik, Fibeln und Metallwerkzeug

So kochten die Kelten.　　　　*Keltenschanze in Truchtlaching*

ans Licht gebracht, manches deutet sogar auf eine Münzprägestelle hin, auf jeden Fall war die Siedlung mit 6 Hektar nicht unbedeutend. Das heutige Keltengehöft am Fuß des Hügels ist wesentlich kleiner und natürlich ein Nachbau, dafür aber ein sehr gelungener! Das halbe Dutzend Stallungen und Wohnbauten, in Blockbauweise oder Fachwerk, mit seinen Schilfdächern, niedrigen Eingängen und winzigen Fenstern fasziniert alle Besucher, besonders Kinder jeden Alters. Darum hat sich die Seebrucker Touristik einiges ausgedacht, damit »Geschichte erleben« möglich wird. Jährlich gibt es ein »Bedaius-Familienfest« mit jeder Menge historischem Trubel, auch für geschlossene Gesellschaften kann man das Dorf mit original keltischer Begleitung mieten. Am schönsten ist es jedoch, wenn man als Familie zufällig vorbeikommt, das Tor in der Umzäunung öffnet und seine Kids auf Entdeckung schickt. Auf das, was dann an Fragen auf uns einprasselt, sind wir natürlich vorbereitet.

Wen das Keltenthema gepackt hat, sollte sich beim »Neuwirt« in Truchtlaching nach der Keltenschanze erkundigen. Die Ufer der Alz scheinen auch den Kelten gefallen zu haben.

Wandern durch altbayerisches Bauernland

Route: Niederbrunn – Bacham – Buchsee – Niederbrunn
Länge: 16 Kilometer
Gehzeit: 4 bis 5 Stunden
Start und Ziel: Hilgerhof in Niederbrunn
Badegelegenheit, Schwierigkeit leicht

»Suche altes Bauernhaus, zahle bar!« So und ähnlich lauteten die vielen Anzeigen von Tosso Herz in den oberbayerischen Lokalzeitungen. Im November 1962 kam endlich eine vielversprechende Antwort, worauf er sich von München aufmachte in den Chiemgau. Von Seeon fuhr er 3 Kilometer nach Oberbrunn, von dort nach Niederbrunn und am nächsten Abzweig links Richtung Eschenau. »Über einen Meter Schnee hat's gehabt. Und saukalt war's«, schreibt er später in seinem Buch »Der Hilger und sein Sach«, doch bei dem, was er dann sah, ist ihm gleich warm ums Herz geworden. Der Hilgerhof aus dem Jahr 1460 war zwar halb verfallen, doch der Versicherungsdirektor hatte einen Blick für gute Substanz. Endlich konnte er seinen Traum vom eigenen Bauernhof verwirklichen und weil er ein begeisterter Sammler von bäuerlichem Hausrat und Alltagsdingen war, wurde mit den Jahren aus dem Hof ein weithin bekanntes Bauernmuseum. Mit einem der Museumsführer sind wir für später auf eine Besichtigung verabredet.

Herr von Sckell wäre entzückt

Unsere Landpartie starten wir also am Hilgerhof, zunächst nach Westen auf der schmalen Straße bis zum Weiler Wimm, wo wir am Waldrand entlang nach Süden abbiegen. Diesmal ist es Hochsommer und die altbayerische Bauernlandschaft zeigt sich von ihrer schönsten Seite. Und zu der gehört eine Harmo-

Dem Hilger sein Sach, wie es heute ausschaut.

Die Eiszeit formte diese Landschaft.

nie, die uns über die nächsten Stunden immer wieder verblüfft stehen bleiben lässt. Wir hatten zwar gehört, dass die Geografie nördlich der Eggstätter Seen durch die letzte Eiszeit geprägt worden ist, also voller Hügel, Täler, Bäche und kleiner Seen ist, doch wie das in der Realität wirkt, ist dann doch etwas anderes. Hohe Waldränder schieben sich wie Kulissen in Wiesentäler hinein, Baumgruppen stehen malerisch an Bachschleifen, Sichtachsen in die Weite wechseln mit plötzlichen Einblicken in grüne Talgründe und durch alles windet sich unser Weg in fast schon eleganten Kurven. Friedrich Ludwig von Sckell, der Landschaftsgärtner aus München, hätte sich hier manche Anregung für den Englischen Garten holen können. Nur, dass es zu seiner Zeit zwischen Niederbrunn, Bachham, Buch und Wimm mehr nach dem Nutzen als nach klassizistischer Ästhetik ging. Städter nannten das früher gerne bukolisch, den Bauern war die Kleinräumigkeit dieser »Idylle« aber eher lästig. Daran konnte die Flurbereinigung der 1970er-Jahre wenig ändern und so steht zum Glück der historische Wegstein von 1708 immer noch an dem Platz, wo seit Jahrhunderten am Waldrand

Flurbereiniger hatten hier keine Chancen.

vom Niederholz der Weg ins Freie tritt. Von hier bis Eschenau war es mal nach bayerischem Maß eine Siebtelmeile, heute für uns 1 Kilometer – der Weg ist ja noch derselbe.

Ein letztes Mal beim Weißbräu

Von Eschenau gehen wir ein kurzes Stück auf der Landstraße bis Niederham und dort biegen wir am ersten Bauernhaus gleich links ab ins freie Feld. Unser Weg ist zu Anfang eine dieser alten bäuerlichen Fahrspuren, auf deren grünen Mittelstreifen es sich so angenehm ausschreiten lässt. Er führt am Waldrand entlang, dann als Fußpfad über eine Wiese, wird

Früher nannten Städter diese Idylle gerne bukolisch.

auch einmal überwuchert und ist fast unsichtbar, doch kurz darauf markiert er wieder breit und deutlich den Waldrand. An den halten wir uns weiter, bis wir rechts am Hügel ein Gehöft sehen. Hier überquert der Weg die Kreisstraße 19 und kurz darauf gibt es tatsächlich ein erstes Hinweisschild nach Bachham, einem Dörfchen mit nur einer Attraktion, die zugleich unser

Geheimtipp Buchsee

Mittagsziel ist: der »Weißbräu«. Was wir noch nicht wussten: Unser Besuch war zugleich ein Abschied. Denn die weithin bekannte Bauernwirtschaft mit beachtlichem Ruf und ihrem stillen Biergarten unter Kastanien hat leider im Februar 2022 aufgegeben. Vorbei ist es seitdem mit dem frischen Chiemseefisch, für den der »Weißbräu« berühmt gewesen war, es sei denn, ein neuer Pächter erbarmt sich irgendwann. Der Halt in Bacham lohnt sich trotzdem. Mit der Brotzeit aus dem Rucksack ist ein Schattenplatz rasch gefunden, und so eine stille Mittagsrast, wenn nur noch die Katzen über den Dorfplatz streifen, hat auch ihren Reiz.

Am Wegrand leuchtet goldgelb eine Gruppe von Pfifferlingen.

An der Dorfkreuzung weist uns später ein Schild Richtung Buch und bald haben wir zur Abwechslung wieder mal freie Sicht, nach Westen bis zum Kirchturm von Halfing, doch schon geht es im Bogen wieder ostwärts zurück ins verwunschene Wald- und Hügelland. Am Weiler Buch führt ein Schotterweg bergab zum Buchsee. Von Schilf und Wald umgeben ist er eines der

Gelb blühendes Echtes Springkraut   *Eierschwammerl wie gemalt*

typischen kleinen Toteislöcher, Überbleibsel der letzten Eiszeit. Groß ist er nicht, wir könnten ihn in praktisch in jeder Richtung schwimmend überqueren. Gerade mal zwei Badegäste sehen wir, und das an einem Wochenende, also ist noch Platz für uns. Das Wasser ist dunkel und geheimnisvoll, dabei himmlisch weich und nicht zu warm, ein echter Geheimtipp.

Eierschwammerl und echtes Springkraut
An einer privaten Badehütte vorbei nehmen wir den Wirtschaftsweg nach Osten, überbrücken den Bachhamer Mühlbach und kreuzen nach 15 Minuten wieder die Kreisstraße 19. Es geht im Bogen 1 Kilometer weiter durch das Niederhamer Holz, ein paar Meter rechts vom Weg leuchtet goldgelb eine Gruppe von Pfifferlingen, Eierschwammerl, wie sie hier heißen. An einem kleinen Tümpel wächst Binse und Blutwurz, ab hier halten wir uns links und sind mitten in einem duftenden, naturbelassenen Mischwald. Hier wächst sogar das heimische gelb blühende Echte Springkraut, auch Wald-Springkraut (*Impatiens nolitangere*) genannt. Weinbergschnecken fühlen sich

Einladungen zum Verweilen

wohl auf dem feuchten Waldweg und an abgestorbenen Stämmen wuchert der Fichtenporling. Auf einem Asphaltsträßchen gehen wir 500 Meter nach Norden, bis uns rechts ein Schild Richtung Niederham und Eschenau weist. An der nächsten Abzweigung gehen wir Richtung Eschenau und kurz darauf tauchen wir links hinein in einen grün verwucherten Waldweg. Wir sind wieder im Niederholz, wo wir nach 15 Minuten rechts von uns den historischen Wegstein von 1708 wiedererkennen, diesmal von der Rückseite. Hier endet der idyllische Bauernwald, das erste Maisfeld begleitet uns auf dem Weg zurück zum Hilgerhof, der jetzt nicht mehr zu verfehlen ist.

Was machte unseren Rundweg sonst noch besonders? Auf jeden Fall die schmucken Bauerngärten und die vielen Wegkreuze und Marterl. Zugegeben, die vielen Abzweigungen und Richtungswechsel waren schon eine Herausforderung, doch mit der Nr. P15 der Amtlich-Topographischen war das alles kein Problem. Für die GPS-Junkies: Ja, das ist eine Karte aus Papier, die den großen Überblick bietet und trotzdem jeden Fußpfad und jedes Haus abbildet.

Bauerngarten beim Weiler Wimm

🏛 Neues Leben im alten Hilgerhof: das private Museum des Tosso Herz

Wie der Hilgerhof in Niederbrunn zu seiner neuen Bestimmung kam, haben wir schon geschildert. In den Nachbardörfern meint heute mancher spöttisch: »Die in Niedernbrunn möchten am liebsten ganz ein Museum sein!« Was ein wenig neidisch klingt, wobei vor 50 Jahren die Niederbrunner sich noch mit allen Kundigen zwischen Seeon und Pittenhart einig waren: Wer die Ruine vom Hilgerhof kauft, kann nicht ganz gscheit sein, so was fällt nur einem Stadtmenschen ein. Womit sie recht hatten – doch dann kamen sie die nächsten Jahre aus dem Staunen nicht mehr heraus. Heute sind sie stolz, dass so etwas bei ihnen in Niederbrunn passiert ist.

Der Stadtmensch, immerhin ein Bayer, steckte damals richtig viel Geld in das alte Sach beim Hilger, wie bis heute der Hofname lautet. Tosso Herz hieß der Neue beim Hilger, ein Münchner, der mit Versicherungen sein Geld gemacht hatte, wovon damals alle profitieren durften, die irgendwas vom Bauhandwerk verstanden. Man kann sich vorstellen, dass die Ruine und ihre Verwandlung sehr lange ein heißes Stammtischthe-

Ursprung 1460. Der Hilgerhof heute

ma war. Irgendwann hat der Bauherr sogar einen alten Bundwerkstadl aus einem Dorf bei Rabenden zerlegt, hertransportiert und fachgerecht wieder aufgebaut. Der ursprüngliche Dreiseithof sollte irgendwann wieder hier stehen, so wie früher.

»Suche altes Bauernhaus, zahle bar.« So und ähnlich lauteten die vielen Anzeigen von Tosso Herz.

Und so wie früher wollte »der Hilger« leben auf seinem Sach, das war schließlich immer sein Traum gewesen. Nachbarn, die ihn in seinem fertig sanierten Hof besuchten, hatten viel Seltsames zu berichten, denn der volkskundlich versierte Sammler trug alles an bäuerlichen Altertümern und Hausrat zusammen, was er nur auftreiben konnte. Denkmalpfleger aus der Stadt hörten vom Hof und der Sammlung, fanden ihre strengen Maßstäbe zwar nicht immer

erfüllt, waren aber trotzdem, wie viele andere aus besseren Kreisen, gern zu Gast bei Tosso Herz. Er liebte es nun mal gesellig und ja, das Feiern hat er nicht verachtet, sagen die Nachbarn, und einen Humor hatte er auch.

So wie früher wollte er leben.

Das spürt man als Besucher seines »Museums« sofort, viele seiner Arrangements zeigen, dass er das Leben vor allem von der heiteren Seite aus sah. Nach seinem Tod 1975 erbte das historische Baudenkmal mit allem Inventar der Landkreis Traunstein, der über eine Stiftung den Hilgerhof erhält und pflegt. Ein engagierter Kulturverein betreut ihn als beliebten Treffpunkt für Veranstaltungen und Feste, so wie es sich Tosso Herz gewünscht hätte.

Für den Besuch des Museums kann über vorstand@hilgerhof.de ein Termin mit Herrn Josef Reithmeier vereinbart werden. Ein Vorlauf von 14 Tagen ist ratsam, auf diese Weise ist eine exklusive Privatbesichtigung sicher.

Museum Hilgerhof, Niederbrunn 12, 83132 Pittenhart, www.hilgerhof.de

----

Grün und klar bis auf den Grund: eine Radrundfahrt entlang der Alz

Route: Altenmarkt – Truchtlaching – Altenmarkt
Länge: 18 Kilometer
Dauer: Radlfahrzeit 1 bis 2 Stunden
Start und Ziel: Kloster Baumburg, Altenmarkt
Bade- und Einkehrgelegenheit, Schwierigkeit: leicht

Gute Freunde priesen voll Begeisterung das verwunschene Tal der Alz, dem schönsten Fluss im ganzen Chiemgau; und dann war da noch dieses Geraune um zwei Literaturschauplätze in eben diesem besonderen Tal. Außerdem gäbe es am Startplatz in Altenmarkt genügend Parkplätze oben am Kloster Baumburg, dem idealen Startplatz zu einer besonders schönen Radlrundtour. Also folgen wir der Empfehlung und nehmen an einem sonnigen Maitag die B304 von Traunstein Richtung Norden. Die barocke Rückfront und die zwei Türme der Klosterkirche Baumburg links oben am Berg sagen uns, dass wir richtig sind. Der Weg zum Kloster zweigt im Ort nach links ab, wir schrauben uns ein steiles Sträßchen hinauf, dann durch ein enges Tor bis hinein in den Klosterhof. Tatsächlich freie Parkplatzwahl, aber warum ist es hier oben so leer? Weit hinten die imposante Stiftskirche, links die Sonnenschirme vom »Bräustüberl«, dann die Brauerei, zwei Bierlaster und noch ein paar weitere historische Gebäude. Ansonsten viel freier Raum. Über den Grund dafür reden wir später, lieber laden wir erst einmal unsere Radl ab.

Zurück durchs Tor, das Alztal wartet

Der Reifendruck stimmt, wir fahren wieder zurück durchs Tor und nach links an der Klostermauer entlang. Auf einem angenehm breiten Weg geht es nach Süden. Die Sonne scheint, der

Kloster Baumburg von Süden

Im Berg und oben drauf: die Höhlenburg Stein an der Traun

Raps blüht, es geht leicht bergab und der Blick schweift übers Trauntal nach Osten ins Weite. Gegenüber hockt im und auf dem Felshang die Höhlenburg Stein an der Traun, das Raubritternest des berüchtigten Heinz von Stein.

🏛 Vom bösen Ritter Heinz vom Stein: die Höhlenburg in Stein an der Traun

Die Besucher der gern besuchten Höhlenburg bekommen für die Besichtigung alle einen Blauhelm verpasst. Sicherheitsvorschrift. Wir stehen in einem Hof, hoch über uns sehen wir ein schmuckloses Gebäude. Die »Hochburg« da oben ist unser Ziel, dazwischen reckt sich eine Felswand mit vielen seltsamen Mulden und Löchern und genau in die hinein führt der Eingang zur Höhlenburg des Heinz vom Stein! Ein Raubritternest aus dem Mittelalter, dunkel, mit engen Treppen, Gängen und Ausblicken nach draußen (natürliche Schießscharten!). Auch mit Kammern für gefangene Frauen und einem abgrundtiefen Schacht für alle, die des Ritters Treiben zu stören wagten. Nach einer Stunde Führung inklusive Gruselfaktor geht es durch stockfinstere und tropfnasse Gänge nach

Natürliche Schießscharten im Fels

oben und zum Ausgang ins Sonnenlicht. Irgendwie erleichtert genießen wir den Rundblick ins Trauntal. Der Ritter Heinz wurde schließlich doch noch gefangen und geköpft, wie sich das gehört. Doch gegenwärtig ist er immer noch als Werbeträger der Schlossbrauerei Stein. Deren Brauereigasthof ist viel mehr als nur Touristenabfütterung und das Bier aus Stein wird zu Recht gerühmt.

Der Feldweg erreicht die St2093, auf ihr fahren wir nach rechts etwa 500 Meter bis Offling. Am Dorfeingang ist links die Front eines imposanten »Itakerhofs« zu sehen, ein weiteres kulturhistorisches Thema. In Offling weist ein Schild rechts ab nach Truchtlaching, 5 Kilometer heißt es und der erste davon beschert uns eine herrliche Schussfahrt durch schattigen Wald hinunter ins Tal der Alz. Von der sehen wir erst mal noch nicht viel, erst am Weiler Niesgau ahnen wir etwas von ihrem speziellen Zauber.

Der Reifendruck stimmt, die Sonne scheint und der Raps blüht ...

Hier steht oberhalb des grün und klar fließenden Wassers seit Generationen der Huberhof, heute Anbieter von komfortablen Ferienwohnungen für Familien. Der Badeplatz mit Steg und Weidenschatten macht neidisch, doch wir bekommen schon noch unsere Gelegenheit! An einem Aussichtspunkt mit Bank sehen wir die Alz wieder und vom anderen Ufer schaut ockergelb ein adelig anmutendes Gemäuer herüber. Wer da wohnt, ist zu beneiden. Poing heißt der romantische Platz, unser erster Literaturschauplatz, auch dazu gleich noch mehr.

🏛 Was sind eigentlich »Itakerhöfe«?

Diesen Namen haben die Einheimischen erdacht und die Kulturhistoriker haben ihn dann übernommen, gerne in Anführungsstrichen als »Itakerhöfe«. Darin steckt die Erinnerung an die italienische Herkunft der Bauleute, die sich im 19. Jahrhundert regelmäßig als Saisonarbeiter im

»Itakerhof« in Offling

Chiemgau verdingten. Sie kamen oft aus dem Friaul, wo sie ihre künst-lerischen Fähigkeiten im Bauhandwerk entwickelt hatten. Reiche Bauern konnten sich damals herrschaftliche Höfe leisten und so kamen ihnen die italienischen Saisonarbeiter gerade recht. Kennzeichen ihrer Höfe sind die vielen hohen Fenster an der Firstfront, der Schauseite des Hofs. Hin-ter den Fenstern verbergen sich aber nur selten großzügige Wohnräume, eher dienen sie der reinen Dekoration. Im Obergeschoss ist der Boden des Speichers oft die Unterkante einer besonders hohen Fensterreihe, was schon von Weitem Eindruck macht. »Itakerhöfe« sind mal verputzt, mal sieht man kunstvolle Ziegelwände. Stall und Keller sind oft mit aufwendi-gen Kreuzgewölben versehen. Die Schauseite des Offlinger Hofes kann man besichtigen, seine Bewohner reagieren auf Nachfrage freundlich.

In Truchtlaching bleiben? Nächstes Mal

Nach 1 Kilometer verlassen wir das Tal, überqueren erneut die St2093 und fahren bergauf in den Wald, um die ungemütlichen Kurven der gut frequentierten Straße zu meiden. An der nächs-ten Kreuzung geht es rechts auf Asphalt hinunter nach Trucht-

Das Baden in der Alz ist ohne Vergleich.

laching, einem liebenswerten, uralten Pfarrdorf, dessen Fluss-übergang schon die Kelten und Römer genutzt haben. Direkt an der Straßenbrücke, von der im Sommer die Truchtlachinger Burschen gerne ihre Gaudisprünge ins Wasser machen, liegt eines der schönsten und familiär-gemütlichsten Flussfreibäder im ganzen Chiemgau! Jetzt ist endlich Gelegenheit, einzutauchen ins erfrischende Alzwasser. Unser Tipp: sich auf dem Rücken von der sanften Strömung bis zu einem der Stege treiben lassen und danach abgekühlt und entspannt über den Wiesenweg zurück in den Schatten der Birken und Erlen. Das würden wir am liebsten endlos wiederholen, heute aber lockt uns vom Ufer gegenüber der schattige Kastanienbiergarten vom »Neuwirt«, dort können wir auf den vorderen Plätzen der Terrasse die Fische am Grund der Alz beobachten und den Kanufahrern beim Anlegen zuschauen. Die Renken und Bachforellen stehen übrigens auch auf der Speisekarte.

»Gasthaus Neuwirt«, Seeoner Straße 3, 83376 Truchtlaching,
Tel.: 08667/288

Tragischer Literaturschauplatz: Schlossgut Poing

Vom Alzbad nehmen wir später den Fahrweg am Waldrand Richtung Poing, jetzt sehen wir das ockerfarbene »Schlösschen« von der Landseite aus und die Neugierde wächst.

🏛 Schlossgut Poing und sein verzweifelter Bewohner

Ein Weiler ist Poing nicht, eher schon eine Einöde, dafür aber mit einem der schönsten Flüsse Bayerns direkt vor der Haustür. Früher soll es ein Wasserschloss gewesen sein, die Einheimischen nannten es »altes Pfarrhaus«, als das Gemäuer noch zum Kloster Baumburg gehörte. Eine Einsiedelei also, wie für die innere Emigration eines besonderen Bewohners gemacht: 1925 erwarb der aus dem Baltikum stammende Arzt und Schriftsteller Friedrich Reck-Malleczewen den kleinen Gutshof. Sein Roman »Bomben auf Monte Carlo« wurde mit Hans Albers und Heinz Rühmann 1931 als sogenannte Uniform-Operette verfilmt, sonst ist von seinem Werk kaum noch etwas bekannt. Bomben werfen lag ihm persönlich fern, Uniformen erst recht. Als leidenschaftlicher Gegner des Nationalsozialismus schrieb er in Poing heimlich sein »Tagebuch eines Verzweifelten«, das heute zu den eindrücklichsten Zeug-

nissen dieser Zeit zählt. Reck-Malleczewen wurde noch in den letzten Kriegswochen denunziert und starb am 17. Februar 1945 im Konzentrationslager Dachau.

Der weitere Weg oberhalb der Alz verliert ein wenig an Komfort, hin und wieder ist Schieben nicht zu umgehen, doch wir haben es ja nicht eilig. An der nächsten Kreuzung nehmen wir das Asphaltsträßchen nach rechts, es führt uns bergauf und bergab über Höllthal, Mörn und Massingmühle, mit schönen Ausblicken nach Süden, bis das Schild nach rechts zeigt, Richtung Alzfähre, oder auch zum Gasthaus »Beim Roiter«. Das ist nun bestimmt ein Platz, an dem wir eine längere Pause einlegen sollten. Auch, weil es der zweite Literaturschauplatz ist, dazu gleich noch ein paar Details extra.

Übersetzen mit dem Kahn am Seil

Das Gasthaus im Auwald und seine alte Seilfähre gibt es seit 120 Jahren. Früher haben die Leute mit der Fähre den Weg nach Altenmarkt oder den Kirchgang nach Baumburg abgekürzt, heute sind es die Wanderer und Radler, die sich mit dem Kahn am Seil übersetzen lassen. Wer auf der Baumburger Seite wartet, ruft die Fähre mit einem Griff zum Signalseil, das den Fluss bis hin zum legendären »Hoi mi ab« an der Hauswand beim »Roiter« überspannt.

Der Mai 1945, als Ruth Rehmann hier strandete, war ein besonders warmer und blühender Monat.

Seine Glocke hört dann irgendjemand, der gerade Zeit hat für die 5 Minuten zum Fluss, um die Fähre zu bedienen. Fahrzeiten oder einen Tarif gibt es nicht, man gibt, was es einem wert ist, und alle achten diese Tradition.

Egal auf welche Seite der Alz man übersetzen möchte, die Einkehr beim »Roiter« sollte nicmand verpassen. Unter Obst-

Der »Hoi mi ab!«   *Biergarten im Grünen*

bäumen stehen Tische und Stühle auf der Wiese, Hühner laufen frei herum, bei schlechtem Wetter schützt ein Salettl und
die Ruhe ist traumhaft. Früher gab es Selbstbedienung durchs
Küchenfenster, heute hat der Wirt Stefan eine richtige kleine
Karte, natürlich alles regional und saisonal.

»Gasthaus zum Roiter«, Roit 1, 83352 Altenmarkt an der Alz
www.roiter.de

🏊 Wer läutet, wird abgeholt: die Alzfähre »beim Roiter«

Das Fischer- und Bauernanwesen »beim Roiter« ist der zweite Literaturschauplatz auf unserer Radltour. Im Mai 1945, der ein besonders
warmer und blühender Monat gewesen sein soll, strandete hier eine
bunt zusammengewürfelte Schar von Kriegsflüchtlingen, darunter die
23-jährige Wehrmachtshelferin Ruth Rehmann aus dem Rheinland. Bei
der »Schwaigerin«, wie Mina Stecher, geborene Roiter und gute Seele des Ortes, genannt wurde, fand die spätere Autorin den Platz und
die Ruhe, um die Schrecken des Kriegs zu vergessen. 40 Jahre später

Das Bräustüberl Baumburg im Kloster Baumburg

erschien ihr Buch »Die Schwaigerin«, in dem sie die Jahre an der Alz und die besondere Freundschaft zwischen den beiden sehr unterschiedlichen Frauen schildert. Ruth Rehmann blieb im Chiemgau. Bis zu ihrem Tod 2016 soll sie vom nahe gelegenen Trostberg noch öfter den »Roiter« besucht haben, zum Schwimmen in der Alz, mit über 90!

Irgendwann müssen wir uns halt doch von dieser Idylle lösen, die Überfahrt ist bald arrangiert und drüben geht der Weg noch einmal direkt am Alzufer zurück nach Baumburg in den Klosterhof. Das »Bräustüberl« empfiehlt sich als krönender Abschluss unseres Tages, es gehört zu diesen versteckten Gastro-Juwelen, die gut von der Mundpropaganda leben. Noch dazu im historischen Gemäuer und mit frischem Bier aus der eigenen Brauerei.

»Bräustüberl Baumburg«, Baumburg 12, 83352 Altenmarkt an der Alz, info@baumburg.de

----

Hinein ins Tal der grünen Alz

🍽 Start und Ziel beim »Bräustüberl«:
Kloster Baumburg in Altenmarkt

Wir rätselten zu Beginn unserer Tour über das weiträumige Gelände hinter Klostermauern, eine Antwort gibt uns die Geschichte Baumburgs. Schon nach der Gründung ab 1107 war das Augustiner Chorherrenstift in langjährige Händel mit seinem Bruderkloster in Berchtesgaden verstrickt. Während der Reformation folgte wirtschaftlicher Verfall und im 16. Jahrhundert brannte Baumburg mehrfach nieder. Erst im 18. Jahrhundert wurde noch einmal um- und ausgebaut, was dann nach der Säkularisation wieder eifrig versteigert oder abgerissen wurde. Vorher diente Baumburg noch als Lazarett für Tausende von Verwundeten aus der Schlacht bei Hohenlinden, in der Napoleon im Dezember 1800 die Österreicher und Bayern besiegte. Nach einer verheerenden Typhusepidemie wurde unterhalb des Klosters an der Alz ein Massengrab ausgehoben, wo heute eine Gedenkstätte für alle Opfer sinnloser Kriege ist. Auf dem Areal des Klosters steht nur noch die Stiftskirche (sehenswertes Rokoko-Kleinod!), ein Seminarhotel und die Klosterbrauerei, die ihr Bier im »Bräustüberl« ausschenkt.

Ein geschmeidiger Rundweg samt Kulturschätzen zum Entdecken

Route: Petting – Kühnhausen – Waginger See – Petting
Länge: ca. 10 Kilometer
Gehzeit: ca. 4 Stunden
Start und Ziel: Petting
Bade- und Einkehrgelegenheit, kinderwagentauglich

Tatsächlich soll Petting einmal eine Insel gewesen sein, als in nacheiszeitlicher Epoche das Land weitgehend überflutet war. Funde aus der Hallstattzeit und aus der Laténezeit (800 v. Chr–0) belegen, dass Petting schon früh besiedelt war. Zu Zeiten der Römer trug es bereits seinen Namen Pettinga, der im Übrigen einen Ort bezeichnet, der ab- und zulaufendem Wasser unterworfen ist. Die erste Kirche gab's um 800. Dies alles bedenkend stellt man sein Auto vor dem Rathaus Petting in der lang gezogenen Ortsmitte ab oder steigt ebenda aus dem Bus aus. Das ist ein Ort mit Geschichte, an dem man nicht mit einem E-Bike vorbeirasen, sondern die Gedanken schweifen lassen sollte.

Angefangen von der Eiszeit, die dieses herrliche Seengebiet geschaffen hat, über die jüngere vorrömische Eisenzeit, in der die Kelten ihre kulturellen Güter hier hinterließen, bis schließlich die Römer hier siedelten und handelten. Und dann das Erzbistum Salzburg, dessen jahrhundertelange Herrschaft viel kulturellen Austausch brachte, allemal bei den Süßspeisen, die man heute im Brothaus Lehrbach, im »Binderhäusl« oder im Gasthaus »Riedler Unterwirt« genießen kann. Aber das machen wir später und starten den sogenannten Lödergauer Rundweg. Von der Pfarrkirche St. Johannes der Täufer aus geht's los!

Pfarrkirche St. Johannes der Täufer

Gelb und Weiß vor blauem Himmel, der knuffige Bau der Pfarrkirche, die dem Heiligen Johannes dem Täufer gewidmet ist. Sie ähnelt der Stiftskirche in Laufen und dürfte auch zur selben Zeit entworfen worden sein. 1536 ist in die oberen Geschosse eingraviert. Die unteren Teile von Turm und Kirche stammen bereits aus der Romanik, das Netzrippengewölbe im Inneren bezeugt frühe Gotik und die Malereien dürften in der Renaissance dazugekommen sein. Wie im Kirchenbau üblich hat jede Epoche ihre Stile da und dort beigetragen – nicht immer zum Besten. So musste die alte Kirche in den 1950er-Jahren für kurze Zeit neogotische Dekors aushalten sowie Betonaufputz aus den 1960er-Jahren. Bei der Generalsanierung 1986 bis 1989 bekam die Kirche wieder einen barockgelben Anstrich mit weißen Absätzen.

Und weil wir schon so schön geschichtlich anfangen, leisten wir uns einen Abstecher von Gräberfeld zu Gräberfeld, nämlich vom Friedhof der Kirche St. Johannes der Täufer hinauf zu der Fundstätte, die belegt, dass Petting mit seiner anmutigen Lage am Südzipfel des Waginger Sees schon immer ein place to be war.

🏛 Aussicht in die Geschichte – das Gräberfeld in Petting

Wenn man von der Pettinger Kirche St. Johannes der Täufer in Richtung Nordosten hügelaufwärts geht, einen kleinen Fußweg, der zunächst zwischen Neubauhäusern und dann zwischen Feldern und Wiesen verläuft, landet man nach ungefähr 10 Minuten bei der kleinen schmucken Mühlfelder Kapelle, einem wunderbaren Kastanienbaum und einer Infotafel. Wir lernen, dass wir gerade durch historisch bedeutsames Gelände gegangen sind. Denn neben der grandiosen Aussicht, die sich von diesem kleinen friedlichen Ensemble bietet – nach Osten bis Salzburg und das hoch aufragenden Dachsteinmassiv, nach Westen Richtung Chiemsee, nach Süden auf die gemäßigt hohen Chiemgauer Alpen, nach Norden auf sanft geschwungenes Agrarland – ist das Land auf dem

Gärtner in der Wärme der Kirchenmauern. Kapelle am Gräberfeld

Petting steht, altes Kulturland. Als man vor Jahren beim Aushub neu aus-
gewiesenen Baulands ein Gräberfeld fand, wurde schnell klar: Hier haben
im 6. Jahrhundert Bajuwaren gesiedelt. Die Zeit der Christianisierung
war noch nicht angebrochen, sie erfolgte um 650 durch iro-schottische
Mönche. Die Bajuwaren, ein buntes Völkergemisch, das wohl in Schüben
diverser Völkerwanderungen hier im Gebiet sesshaft wurde und sich mit
bereits ansässigen Römern und Goten mischte, entwickelten eine ganz eigene Form der Beerdigung. Frauen wurden mit
ihren Schmuckstücken begraben, Männer mit
Teilen ihrer Waffen. Auch wenn das Gräberfeld
von Petting bereits ziemlich »beraubt« war,
als man es fand, sind einige Fibeln, Perlen-
ketten, Speerspitzen und einiger Armschmuck
erhalten. Da es bereits wenige Jahre vorher
schon reiche Funde ähnlicher Gräber in Waging gab, für die extra ein Museum errichtet wurde, wanderten die Pettinger Preziosen auch dorthin.
Die informative Tafel macht in jedem Fall neugierig. Aber was den Ort
wirklich besonders macht, ist dieser weite Rundumblick. Man kann sich
gut vorstellen, wie hier vor 1500 Jahren unsere bayerischen Vorfahren

*Hier siedelten
schon
viele Völker
gerne.*

Archäologischer Rundweg Petting

Bajuwaren-Gräberfeld in Petting (6./7. Jahrhundert)

Die Bajuwaren in Petting

Goldblattkreuz

Byzantinische
Goldmünze

Ohrringe

S-Fibel

Vor Ihnen liegt die Siedlung Mühlfeld. 1990 wurden bei der Erschließung dieses Baugebietes in Petting Gräber aus der Zeit des 6./7. Jahrhunderts entdeckt. In den Jahren 1991/1992 wurden dann in zwei Kampagnen durch das Landesamt für Denkmalpflege München **715 Bestattungen** freigelegt. Bei den teilweise sehr gut erhaltenen Skeletten fanden sich reiche Grabbeigaben.

Es handelt sich hier um eines der wenigen bajuwarischen Reihengräberfelder in Bayern, die vollständig ausgegraben und dokumentiert wurden.

Der Name Reihengräberfeld rührt von der Ost-West-Ausrichtung der Gräber her.

Meist wurden die Toten mit Blick in Richtung Osten, also zur aufgehenden Sonne hin, bestattet. Man gab ihnen Waffen und kostbaren Schmuck mit auf den Weg ins Jenseits.

Wie bei fast allen Gräberfeldern wurde bereits in alter Zeit ein Großteil der Gräber beraubt (hier in Petting etwa zwei Drittel der Gräber). Trotzdem konnten noch Fundstücke von überregionaler Bedeutung ausgegraben werden.

Die Aufsehen erregenden Funde auf einem abgegrenzten Teil des Friedhofs zeugen von einer frühen Adelsschicht, wie sie bisher nur hier in Petting nachgewiesen werden konnte.

Seit über 3.500 Jahren ist eine ununterbrochene Besiedlung der Gegend um den Waginger See nachweisbar.

Die Ansiedlung der Bajuwaren begann vor etwa 1.400 Jahren. Es war jedoch keine Einwanderung geschlossener Gruppen, sondern eine Stammesbildung aus germanischen Teilstämmen sowie der romanischen Restbevölkerung. Durch das Gräberfeld lässt sich beweisen, dass die Bajuwaren seit Mitte des 6. Jahrhunderts in Petting ansässig waren.

Der Ortsname Petting ist ebenfalls bajuwarisch und bedeutet „bei den Leuten des Pettilo".

Unter anderem wurde hier ein Pferdeskelett mit Teilen der Trense und des Steigbügels freigelegt.

Mehr vertiefende Informationen zu den Bajuwaren und ihrer Zeit gibt es im sehenswerten Museum in Waging, in dem auch die Pettinger Originalfunde ausgestellt sind.

Tracht und Bewaffnung eines bajuwarischen Kriegers des 7. Jh.

Tracht und Schmuck einer bajuwarischen Frau des 7. Jh.

Informationen zu den Dingen, die man nicht mehr sehen kann.

nach langer Wanderung ihre Lager aufschlugen, Bauten errichteten und ihre sehr eigene Kunst entwickelten. Die Hals- und Armketten aus bunten opaken Glasperlen sind jedenfalls zeitlos modern, man könnte sie ohne Probleme heute genauso auch tragen. Ausgewogenes Design scheint in einer harmonischen Landschaft zu entstehen.

Vom Gräberfeld weg führt ein kleiner Pfad Richtung Südosten direkt zum Ortsteil Mühlberg. Prachtvoll zeigt sich von der leichten Anhöhe das Voralpenland, malerisch schwingen Maisfelder, Wiesen und Weiden im Wechsel, bis wir zwischen hohen Maiswänden hindurch zum Weiler Bildhauer kommen. Dort grast Damwild im Gehege, Haflinger kommen zutraulich näher, sobald wir den Weg Richtung Sondershausen einschlagen, der auch mit der Wandermarke P 1 gekennzeichnet ist. Allerdings sollten wir uns auf diese Ausschilderung der Tour nicht verlassen, denn an entscheidenden Punkten fehlt sie leider. Aber damit beschäftigen wir uns später, erst einmal laufen wir im Halbschatten des Waldes sanft hügelauf bis zu einer klei-

Wildgehege unter alten Bäumen

nen Kapelle, die uns schon vor die erste Herausforderung stellt: Sollen wir den Heidewanderweg nehmen, der in der Schönramer Filzn rund um einen eindrucksvollen Moorsee führt, oder folgen wir durch den Weiler Sondershausen unserem eigentlichen Ziel, den Lodergau, also das östliche Pettinger Gemeindegebiet zu erkunden? Wir lassen für heute mal das Schönramer Moos quasi rechts liegen (Menschen mit Kondition drehen natürlich diese lohnende Extraschleife) und bewundern in Sondershausen die üppige Bepflanzung der alten Bauernhöfe, die auf den Sandsteintürstöcken – der Sandstein kommt vom nahen Högl – mitunter Erbauungsdaten aus dem 18. Jahrhundert tragen. Nach Sondershausen schlängelt sich an einem Marterl vorbei der Weg immer noch bergauf. Am Marterl bleiben wir stehen, drehen uns um und bewundern das Panorama der Salzburger Alpen. Schon bald spitzt der Kirchturm von Kirchhof auf, das auf der südlichen Seite der Bundestraße von Petting nach Leobendorf liegt. Hier lohnt sich der Abstecher zu einem einmaligen Ensemble:

Abstecher lohnen sich.

Schlackenhäuser und malerische Straßen

🏛 Wie aus dem Museum: der Weiler Kirchhof bei Petting

Wer von Petting Richtung Laufen fährt, wird auf Höhe des Ortsschilds »Sondershausen« von einer Kirche überrascht und das ist das Überraschende in dieser an Kirchen wahrlich nicht armen Gegend. Minimalistisch und zackig ragt der spitzgieblige Turm der Filialkirche Mariä Himmelfahrt in Kirchhof in den bayerisch-knallblauen Himmel. Diese Kirche hat einen ganz eigenen Charakter, was auch an dem sie umgebenden Weiler liegt. Die gotische Saalkirche wurde um 1420 aus Tuffquadern errichtet, vermutet werden ältere Teile darunter. Ein kleiner Dachreiter ersetzt den Turm. Die Innenausstattung aus der Zeit ihrer Entstehung ist kunsthistorisch respektabel und stammt von Salzburger Künstlern sowie dem Bildhauer Martin Plasisganik aus dem nahen Brandhofen. Aber den ganz besonderen Charme gewinnt der Weiler durch das ganze Kirchhof-Ensemble, bestehend aus einer Dreiseitanlage, die äußerlich aus der zweiten Hälfte des 19. Jahrhundert stammt, aber einen barocken Kern birgt: ein Austragshäusel mit der Türgerüstbezeichnung 1722, das aber deutlich älter sein dürfte, sowie ein Wasch- und Backhaus, erbaut um 1856. Gegenüber des Eingangs der von einer Mauer

Ein Gesamtkunstwerk: Kirchhof

umfassten Kirche steht ein typisches Bauernhaus dieser Region, im frühen 20. Jahrhundert in einer Art rustikalem Jugendstil errichtet, aus Schlacken- und Tuffmauerwerk, mit rot bemalten Backsteinschichten. Das Geheimnis dieses musealen Weilers liegt vermutlich in den Ursprüngen der Kirche. Das fränkische Geschlecht der Herren von Eichheim hatte Grund- und Eigentumsrechte an diesem Ort. Als das Geschlecht im frühen 15. Jahrhundert erlosch, fiel alles an das Erzstift Salzburg. Heute ist dieses architektonisch einmalige Ensemble unbedingt wert, besucht zu werden. Man muss nur rechtzeitig den Abzweiger dazu nehmen, denn kein Hinweis kündigt diesen Schatz vorher an.

Magischer Ort mit Verbotsschildern

Leider verbieten in Kirchhof viele Verbotsschilder einen direkten Weg zur Unterführung der Achenstraße, die uns nach Brandhofen bringt. So gehen wir ein klitzekleines Stück an der Verbindungsstraße zwischen Petting und Leobensdorf entlang und fädeln uns dann in die Unterführung ein. Wenn man die durchschritten hat, ergeht es einem ein wenig wie Alice im

Details zum Entdecken

Wunderland, die die Hecke durchschreitet. Gleich hinter der Unterführung mäandert die Götzinger Ache raumgreifend durch eine Aue, auf der Kühe grasen. Wenige Meter weiter, in sicherer Höhe, glänzen historische Bauten in der Sonne: der denkmalgeschützte Dreihof-Weiler Brandhofen. Ein spätbarockes Wohnhaus mit bezaubernden Lauben und Bauerngarten davor. Daneben Brandhofen 1, ein ehemaliges Bauernhaus mit Bundwerkgiebel, ebenfalls aus dem 18. Jahrhundert, allerdings erneuert im 19. Jahrhundert. Und sozusagen in zweiter Reihe ein kolossaler Schlackensteinbau mit Sichtziegeln als Fenstereinfassung, bei dem besonders die Jugendstiltür ins Auge

Es ist eine Kulisse aus Klassizismus, Biedermeier und Jugendstil.

fällt. Es ist eine Kulisse aus Klassizismus, Biedermeier und Jugendstil, die man hier durchschreitet, wobei Brandhofen bereits 1308 erwähnt wurde. Hinter der Museumsfassade macht der nicht minder schmucke Högler Hof darauf aufmerksam, dass man hier Blumengärten sehen und Ferienwohnungen mieten

Ein gutes Klima für Pflanzen

kann. Die geschmackvollen Zimmer oder Hütten inmitten von viel Tierbestand, das Ganze in Kombination mit einem grandiosen Ausblick dürfte viele gestresste Städterherzen höherschlagen lassen.

Die Landschaft ist für gestresste Städterherzen ein Vademecum.

Wir gehen weiter bergauf, durch Maisfelderwände hindurch, die einem zwar erst einmal die Aussicht versperren, aber dann, kaum öffnet sich die Landschaft wieder, mit dem Anblick auf weite Wiesen, einem Pferdegehöft und davor staksenden Reihern überrascht. Nach dem dampfigen Hatsch durch Mais und nasse Wiesen ist der folgende Wegabschnitt durch den Wald eine Erholung. Für die Fußschwachen unter uns kann an der Gabelung nach Vorder- und Hintergesselberg die Wanderung abgekürzt werden, es geht dann beschaulich mit ab und zu herausblitzendem Anblick des Waginger Sees zurück nach Petting.

Hier mag man gerne Ferien machen.

Reichersdorf leuchtet. Selbst die Stadel sind in dieser Gegend schön.

Leuchten im Wald

Wer aber noch ein wenig Herausforderung sucht, läuft weiter nach Norden. Kurz nach dem genannten Abzweiger leuchtet Reichersdorf, das schon zur Gemeinde Kirchanschöring gehört, auf. Ja, es leuchtet, denn Reichersdorf, der Name ist allerdings übertrieben, besteht nur aus einem respektablen Bauernhof, einem Herrenhaus und einer Kirche. Ein Flecken mit langer Geschichte, denn aus der bereits 934 erwähnten Einöde entstand im 12. Jahrhundert eine Burg. Die Herren von Reichersdorf waren sogenannte Eigenleute oder Freibauern, die dem Erzbischof zu Salzburg angehörten. Ab dem 14. Jahrhundert formte sich der Pfarrökonomiehof, wie man ihn auch heute noch sieht: mit Pfarrhaus, Benefiziatenhaus, Ökonomiegebäuden, Stadeln und einer eigenen Kapelle. Ein wunderschönes Platzerl zum Rasten. Von Reichersdorf aus geht es ein wenig unübersichtlich weiter. Zwar weist der Wegweiser P1 gleich nach Westen, aber wenn

Wie aus einer anderen Zeit, nur tipptopp renoviert.

Geheime Badebucht und offizielle Badestelle

man ihm folgt, stößt man auf eine Weggabelung, die unbeschildert ist und geradeaus (was der richtig Weg ist) direkt wieder zurück nach Petting führt. Eine sehr schöne Strecke durch den Wald und erhaben über dem Waginger See, vorbei an landwirtschaftlichen Schmuckstücken. Oder man zweigt rechts ab und kurvt noch ein wenig durch den Kirchanschöringer Weiler Roth, wo man beim »Rothlerwirt« einkehren kann, um traditionell bayerisch zu essen. Erwähnenswert ist der Ort nach Roth, Kirchstein, mit einem wunderschönen Gebäude aus dem Jugendstil, das den südlichen Abschluss der Ortschaft bildet. Dahinter spitzelt St. Ägidius in den Himmel, das untertägige, spätmittelalterliche Fundamente birgt. Dann wird der Weg ein wenig unkommoder, auf dem Rad- und Gehweg entlang der Seestraße Richtung Petting.

Sprung in den See

Das kurze, an der Straße entlangführende Wegstück, kann laut sein, sodass man etwas entnervt nach Kühnhausen, Richtung Strandbad, abbiegt. Eine gute Entscheidung. Nicht nur, weil das Strandbad so altmodisch verschalt sich ans Ufer schmiegt, sondern vor allem auch wegen des ausgesprochen appetitlichen »Seewirts«. Dort kann man auf der Terrasse bei untergehender Sonne ganz wunderbar über den Waginger See sinnieren. Oder man hüpft noch einmal ins Wasser. Unverdrossene tun dies hier übrigens das ganze Jahr. Dann marschieren wir von dort den Pfad entlang des Campingplatzes, der dann nach links wieder zur Straße abzweigt. Bevor wir aber diese überqueren, um nun den Rad- und Gehweg durch den Wald zu nehmen, sehen wir uns noch satt an der üppigen Vegetation der Gegend, in der sogar einfache Stadel echte Hingucker sind. Das letzte Stückerl Weg führt schattig weiter weg von der Straße, erst kurz vor dem Pettinger Ortsschild muss man wieder kurz den Autolärm ertragen, wird aber gleich belohnt, weil jetzt endlich eine Möglichkeit zur Einkehr winkt.

🍽️ 🐕 Palmen im Moos oder Hundeparadies?

Unauffällig ist der Hinweis zur »Salzachinsel«, nachdem man die Ortsausfahrt von Petting Richtung Waginger See verlassen hat. Die unendlich vielen elektrisch angetriebenen Fahrradfahrer rasen an einem vorbei, die Hinweisschilder zu den inflationär vielen Campingplätzen ziehen vorüber. An diesem Südende des Waginger Sees übersehen wir das geflissentlich und freuen uns einfach, dass bald ein kleines Schild und ein großer Parkplatz auf die »Salzachinsel« hinweisen. Was mag das sein? Doch nicht etwa ein freier Zugang zum See?

Ganz frei ist er nicht, man muss schon Eintritt zahlen, dafür bekommt man aber für sich und seinen Vierbeiner einen Erste-Sahne-Badeplatz. Hund und Mensch fühlen sich auf einer Insel der Glückseligkeit. Tatsächlich soll Petting einmal eine Insel gewesen sein, als in nacheiszeitlicher Epoche das Land weitgehend überflutet war. Dies bedenkend kann man heute ruhig noch ein Stückl Kuchen beim Hundestrand nahen »Binderhäusl« vertilgen. Das ist ein Ort mit Geschichte, an dem man nicht mit einem E-Bike vorbeirasen, sondern die Gedanken schweifen lassen sollte. Tierfreunde werden sich wie im Paradies fühlen.

Noch wachsen hier keine Palmen, auch wenn hier mal ein Meer war.

Auenlandschaft vor und Bundwerk in Petting.

Hundestrand »Salzachinsel« und Café »Binderhäusl«, Musbach 6,
83367 Petting

Schlussspurt

Nach Kuchenstärkung durchlaufen wir Petting mit seinen
Bundwerkhäusern, um an einem ganz besonderen Haus hängen zu bleiben: das Blumenhaus. Und wirklich gedeiht an diesem Platzerl alles. Man kann es dem Gärtner und Hausbesitzer
mit einer kleinen Spende danken. Und dann sieht man zur Lau-
be hoch und entdeckt dort die weißen Tauben. Ja, mei, friedlicher kann man's nicht haben in Bayern. Nur schwer reißt man
sich vom Anblick los, geht zurück zum Auto. Aber davor kauft
man noch im sauberen und freundlichst betriebenen Edeka ein.

Wer fotografiert, soll auch einen Betrag spenden, schließlich blüht nichts von selbst.

Entspannen am Tachinger See: Badeplätze und Burgen im Törringer Land

Route: Tengling – Tettenhausen – Taching – Tengling
Länge: 11 Kilometer
Dauer: Radlfahrzeit 1,5 Stunden, Gehzeit 3 bis 4 Stunden
Start und Ziel: Strandbad Tengling, Bade- und Einkehrgelegenheit, Schwierigkeit leicht, kinderwagentauglich

Mitten im Rupertiwinkel, etwa 2 Kilometer nördlich des Tachinger Sees, liegt das Dorf Törring, heute ein Gemeindeteil der Stadt Tittmoning an der Salzach. Sowohl Dorf als auch Stadt sind rund 1200 Jahre alt und an beiden Plätzen wurde im Mittelalter eine Burg errichtet; die in Tittmoning ist heute ein Touristenmagnet, die Burg der Grafen von Törring hatte dagegen nur eine kurze Geschichte. Doch die Herren mit den drei Rosen im Wappen spielten in der bayerischen Geschichte bis ins 20. Jahrhundert eine besondere Rolle. Wir wollen heute durch ihr Stammland radeln und dabei am Tachinger See Badeplätze entdecken, die vermutlich kein Törringer kannte. Die Reste ihrer Burg schauen wir uns später auch noch an. Für viele Durchreisende zwischen Waging und Tittmoning ist es reiner Zufall, wenn sie das Strandbad in Tengling entdecken.

Strandbad Tengling, Am See 1, 83373 Taching am See, Tel.: 0151/22580900

Mit dem Radl ins frühe Mittelalter

Diese kleine Oase der Ruhe ist einfach zu abgelegen, doch wir kennen sie bereits gut und wollen dort heute unsere Radltour beginnen. Oder vielleicht doch den ganzen Tag bleiben? Es gab Tage und Stimmungen, da war das schon mal eine Alternative – Liegewiese mit Baumschatten und Blick nach Süden, wenige

Abend im Strandbad Tengling

Schritte bis zum Biergarten und zur Terrasse, das Wasser nie zu kalt und auch ein Bootsverleih ist ganz in der Nähe. Doch wir kommen am Ende des Tages hier ja wieder vorbei, also starten wir die Tour von Tengling nach Tettenhausen am Tachinger See und zurück mitten durchs Stammland der Törringer. Haben die das mit den vielen »Ts« erfunden? Tüchtige Trecking-Fans können die Tour natürlich auch zu Fuß absolvieren.

Vom Parkplatz radeln wir um das Strandbad herum, kurzzeitig auf einem schmalen Pfad, doch so früh am Tag gibt's noch keinen Gegenverkehr. Der erste Abzweig geht links leicht bergauf, den nehmen wir. Oben geht es am Gehöft nach rechts und auf der Forststraße sind jetzt die kleinen Gänge fällig sowie der erste Halt für einen tollen Blick über den Tachinger See nach Westen. Schöner alter Mischwald nimmt uns auf, immer noch geht es leicht bergauf, nach einem Wegkreuz halten wir uns rechts und jetzt könnten wir kurz zum Burgenthema vom Anfang abschweifen. Es liegt sozusagen ganz nahe und ein kurzer Abschweif vom Weg würde uns direkt in die Zeit der frühen Törringer führen.

Letzter Seeblick, dann kommt der Wald.

Und das geht so: Etwa 300 Meter nach dem Wegkreuz zweigt halbrechts und ziemlich zugewachsen eine Wegspur ab, über die wir durch Springkraut und Farn hindurch unsere Radln in den Wald schieben. Nach etwa 150 Metern sollten wir uns nach rechts bewegen, dorthin, wo es rechts von uns etwas weniger steil bergab geht. Eigentlich ist er nicht zu verfehlen, der »Turmhügel« aus dem Mittelalter und der Rest einer kleinen Burg, von der leider auch die Fachliteratur nichts Näheres über die Erbauer weiß. Trotzdem ist es ein tolles Gefühl, den deutlich erkennbaren ehemaligen Graben zu durchschreiten und auf dem Rest der Wallanlage zu stehen. Richtung Tachinger See geht es von hier steil abwärts, früher hatten die Rittersleut hier sicher einen weiten Blick, doch seit Jahrhunderten steht dem bis heute dichter Wald im Weg. Und weil kein einziges Schild auf diesen Fund hinweist und auch jede Touristinfo darüber schweigt, haben wir für später eine ganz eigene Geschichte zu bieten. Noch ein paar Zahlen: Im Umkreis von 10 Kilometern gibt es noch drei weitere solcher Turmhügel sowie fünf »Burgstalle«, wie die größeren Burgenreste genannt werden, die

Der namenlose Burgstall, von uns entdeckt!

nicht einmal mehr Ruinen sind. Die Fachleute erklären diese Häufung mit rund 20 000 Burgen, die ab dem späten 11. Jahrhundert als Herrschaftssymbole diese unfriedlichen Zeiten in der Mitte Europas widerspiegelten.

🏛 So kann man Burgen verlieren: der Törring-Burgstall bei Taching

Wie schon erwähnt, ist der Ort Törring rund 1200 Jahre alt und die Rolle der späteren Grafen von Törring in der bayerischen Geschichte war eine nachhaltige. Trotzdem hat ihre Burg gerade mal 200 Jahre überdauert. Was war da los? Der Aufstieg der Landadeligen Törringer begann zunächst in unfreien Diensten der damals mächtigen Grafen von Kraiburg-Ortenburg. Doch wer etwas sein wollte, brauchte im Hochmittelalter eine Burg, also bauten sich die Ritter aus Törring um 1220 herum am Rande des Rampelsberg ihren Sitz. Von dort hatten sie freie Sicht Richtung Salzburg, mit dessen Erzbischof sie sich nicht recht vertragen wollten. Überhaupt war ihr Umgang mit den Mächtigen der Zeit eher undiplomatisch, was dazu führte, dass in einer Fehde mit Herzog Heinrich dem

Pause im Strandbad Tettenhausen

Reichen aus Landshut ihre Burg im Jahr 1421 geschleift wurde. Deren Steine nutzte der mächtige Wittelsbacher dann zum Ausbau seiner Burg zu Burghausen.

Doch auch ohne Stammsitz konnten sich die ehrgeizigen und geschickten Törringer im Umfeld der herrschenden Wittelsbacher unentbehrlich machen. Es gab bedeutende Militärs unter ihnen, und noch 1898 war Hans Veit III. von Törring-Jettenbach als Reichsrat so skandalös selbstbewusst, dem Bayerischen Staat ein Programm gegen die Wohnungsnot in München zu entwerfen. Die Nachfahren des »roten Grafen« sind heute erfolgreiche Unternehmer in der Land- und Forstwirtschaft und im Brauereigewerbe. Wohnungslos waren sie eigentlich nie, trotz ihrer Vorgeschichte, heute ist eine Reihe von bayerischen Schlössern im Besitz der Familie.

Ihren ehemaligen Stammsitz im Rupertiwinkel können wir heute nur noch als Burgstall besichtigen, so nennen die Fachleute die von Erdreich und Wald überwucherten Restfundamente.

Beim Weiler Haus an der St2105, 5 Kilometer nördlich von Taching, parken wir neben der Hofeinfahrt von Haus 2 (der Hund ist alt und freundlich, das Tor des Bundwerkstadls sehenswert!), überqueren die Straße

und nehmen am Ortseingang den Weg in den Wald. Leicht bergauf geht es und später im Bogen nach rechts, wo wir bald ein paar steile Hügel und tiefe Gräben wahrnehmen, alles vom Wald überwachsen, aber bestimmt nicht natürlichen Ursprungs. Eine kleine Burg war das sicher nicht, doch alles, was hier mal gemauert war, ist als Rest unter der Erde verborgen. Uns bleibt heute nur noch die Fantasie. Eine Urkunde von 1270 nennt den Ort »Castrum Torringa«, bei den Einheimischen hieß er früher auch »Alten-Törring« oder »Schlossberg«. Bestimmt war das mal ein toller Platz für jugendliche Ritterspiele.

Zwei-Seen-Schwumm in Tettenhausen

Wieder zurück auf unserem friedlichen Forstweg geht es zunehmend bergab. Bald öffnet sich der Wald und wir rollen auf Asphalt und mit herrlicher Aussicht auf Seen und Berge hinunter bis Tettenhausen, dort, wo sich unser Tachinger See mit dem Waginger See trifft. Auf dem schmalen Kanal unter der Straßenbrücke kann man mit Boot oder Board binnen Minuten den See wechseln. Als Schwimmer geht das natürlich auch, doch wer

Auf dem Panoramaweg nach Tettenhausen

dabei die Vorfahrt hat, ist nicht immer klar. Darum verschieben wir unsere Badegelüste auf später und machen erst einmal Brotzeit auf der Terrasse des Strandbades. Mit einem Weißbier vor sich von oben auf das Gewusel zwischen Strand und Badeinseln zu schauen, hat schließlich auch seinen Reiz. Beide Seen gehören bekanntlich zu den wärmsten Badeseen in Oberbayern, das wissen offenbar auch die vielen Gäste von überallher.

Strandbad Tettenhausen, Hauptstraße 2, 83329 Tettenhausen
www.strandbad-tettenhausen.de

Wir dagegen wissen, dass auf dem Rückweg am Tachinger See entlang, auf den 4 Kilometern des idyllischen Ufer-Radlwanderwegs eine Reihe von verträumten Badestellen warten. An denen ist man, wenn man sie denn mal erobert hat, garantiert für sich. Und falls andere Genießer dieselbe Idee hatten, bleibt uns immer noch die große Liegewiese im Tenglinger Strandbad. Heute soll es dort wieder mal Steckerlfisch geben, als Tagesabschluss keine schlechte Aussicht.

Hier regierten mal die Salzburger: Entdeckungen in und um Tittmoning

Route: Tittmoning – Leitgeringer See – Tittmoning
Länge: 8 Kilometer
Gehzeit: 2–3 Stunden
Start und Ziel: Parkplatz Burg Tittmoning
Bade- und Einkehrgelegenheit, Schwierigkeit mittel

Bei Tittmoning sind wir ganz im Nordosten vom Traunsteiner Land angekommen, an der Grenze zu Oberösterreich und zum Landkreis Altötting. Grenznähe war den Tittmoningern schon immer vertraut, in früheren Zeiten wechselten sie sogar öfter von der einen auf die andere Seite, mal gehörten sie den Bayern, mal den Salzburger Erzbischöfen. Denen haben die Tittmoninger übrigens ihre großartige Burg zu verdanken. Begründet wurde sie zwar vom örtlichen Adel im 12. Jahrhundert, doch die Salzburger übernahmen sie im 15. Jahrhundert, bauten sie zur Grenzfeste aus und nutzten sie später als Sommerfrische. Denn nur zu gerne verließen sie in den heißen Monaten ihre stickige Residenz und suchten besser durchlüftete Regionen auf. Wir heben uns den Besuch der Burg für das Ende des Tages auf oder gleich für eine lohnende Extratour.

Historisches, Waldidylle und ein Badesee

Unsere Landpartie beginnen wir trotzdem am Parkplatz oben an der Burg, denn der Gang über die Brücke und durch den Burghof, dann weiter durch das Osttor hinunter in die Stadt bringt uns in die richtige Stimmung; diese Mischung aus Empfänglichkeit und Neugier auf vergangenes Leben, dessen Spuren wir an solchen Orten wie Tittmoning an jeder Ecke begegnen. Ein Beispiel ist das Flusskieselpflaster um die Stiftskirche, das man anderswo längst durch langweilige Steinplatten ersetzt

Kapelle am Pestfriedhof   *In den Salzach-Auen*

hätte. Einen Stadtrundgang heben wir uns für später auf, jetzt gehen wir erst einmal durch die Stiftsgasse bis zum Stadtplatz, dann links durch das Burghauser Tor und danach rechts den steilen Gerberberg hinunter zur Salzach. Ein Blick von der Brücke auf den Fluss ist irgendwie Pflicht. Friedlich fließt er dahin, unten warten Touristen aufs Ablegen der Plätten nach Burghausen und der Blick zurück auf die Stadt zeigt uns, dass die Stadtväter klug geplant hatten: Hochwasser war nie eine Gefahr für die Tittmoninger.

Mal gehörte Tittmoning den Bayern, mal den Salzburger Erzbischöfen.

Über andere Bedrohungen, solche aus der Vergangenheit, erfahren wir gleich mehr. Von der Brücke zurück Richtung Stadt biegen wir nach 100 Metern rechts ab. Das Sträßchen führt über grünes Weideland, links und etwas abseits kommt hinter einer Hecke das Dach einer Kapelle zum Vorschein. Hinter der natürlichen Umfriedung verbirgt sich der ehemalige Pestfriedhof aus dem Mittelalter, die Kapelle ist dagegen nur 130 Jahre alt.

Im Weiler Schlichten

Das sagt uns eine Inschrift über dem Eingang, neben viel Lesens-
wertem aus finsteren, alten Pandemiezeiten. Nachdenklich gehen wir weiter, bis sich vor uns die grüne Wand des Salzach-Au-
waldes öffnet und wir in eine eigene Welt eintauchen. Insekten
schwirren, ein Mäusebussard meldet sich oben im Blau und vom
Bach nebenan besucht uns hin und wieder eine Libelle. Wo der
Wald dunkel und dicht ist, riecht es nach Schwammerln, und wo
die Sonne auf den Weg scheint, dominiert süßlich das Springkraut.

An der nächsten Gabelung nehmen wir den linken Weg bergauf und kommen kurz darauf aus dem Wald heraus in ein idyl-
lisches Wiesental. Ganz verträumt, wie auf einer Alm, liegt hier
der Weiler Schlichten. Wir passieren sein altes Backhaus und
weiter bergauf auf dem Wiesenweg geht bei klarem Wetter der
Blick zurück bis zu den Salzburger Bergen. Bienenstöcke stehen
am Hang gegenüber und wir tauchen wieder ein in den Wald,
wo der Weg richtig steil wird, bis es vor uns zwischen den hohen Buchenstämmen hell durchschimmert. Dann haben wir mit
nur wenigen Schritten vom Waldrand auf die offene Weide das

Bäuerlicher Frieden kann täuschen.

Salzachtal unter uns gelassen. Wimm heißt das Gehöft, auf das wir hier oben als Erstes treffen, ein Stall, ein Stadel mit Bundwerk, dazu ein gepflegtes neues Wohnhaus mit Bauerngarten und allem, was sonst so dazugehört. Es ist Mittagszeit, nur die Kühe schauen neugierig aus dem Stall, sonst ist niemand zu sehen. An der Hofausfahrt zur B 20, deren Verkehr schon zu hören ist, steht unterm Nussbaum eine Bank. Nach dem Anstieg durch den Wald ist das genau der richtige Rastplatz, allerdings einer mit Hintergrund.

Am Waldrand haben wir mit wenigen Schritten das Tal unter uns gelassen ...

Tödliches Duell zu Weihnachten

»Mordweihnacht in Wimm«, so leitet die im Rosenstrauch neben der Bank versteckte Tafel ihren Text ein, der Tragisches zu berichten hat: In der Christnacht des Jahres 1624 eskalierte hier ein Familienstreit, die Hoferben waren Zwillinge und weil unklar war, »welcher der zwei Buben als erster geboren worden ist«, kamen die beiden auf die Idee, ein Duell auszufechten. Die Familie war zur Christmette unterwegs, die beiden blieben zurück, um einer kalbenden

Am Leitgeringer See

Kuh beizustehen. Beim ersten Schlag der Wandlungsglocke, so hatten sie es verabredet, wollten die Brüder aufeinander schießen. Der Ausgang war tragisch, denn beide trafen gut und der Hof war ohne Erben.

Zum Lieblingssee der Tittmoninger

Unser nächstes Ziel ist der Leitgeringer See, von Wimm aus knapp 1 Kilometer nach Westen. Als Wanderer haben wir es von hier aus nicht leicht, wir müssen die B 20 überqueren und bis zum Abzweig der Umgehungsstraße kurz am Straßenrand entlangstolpern. Wenn es dann rechts zum See abgeht, ist das aber schnell vergessen. Nicht ohne Grund ist dieser verträumte See mit seinen vielen Buchten der Lieblingsbadeplatz der Tittmoninger. Es gibt sogar ein richtiges kleines Restaurant namens »Wildfang«, geführt von der Familie Holzhofer, wo man auch außerhalb der Badesaison im gemütlichen Turm sitzen und auf den See schauen kann.

»Wildfang«-Seegastronomie am Leitgeringer See, Furth 10, 84529 Tittmoning, www.leitgeringer-see.de

Frische Schwammerl aus dem Auwald

Als wir bei der Selbstbedienung im Badebereich unsere Brotzeit abholen, bekommt der Wirt gerade einen Korb voll frischer Schwammerl geliefert. Mittendrin ein paar knackfrische Steinpilze. »Daraus mache ich morgen einen Schwammerlstrudel«, sagt er. Schade, dass wir dann nicht mehr da sind, das wäre noch mal ein genussvoller Gruß aus dem Salzach-Auwald gewesen!

Stattdessen genießen wir in aller Ruhe ein ausgiebiges Bad im See. Sein Wasser ist auch bei 22 Grad noch frisch und wohlriechend und der Blick aufs hügelige Bauernland ringsum ist die reine Entspannung. So wie die 2,50 Euro Eintritt, genau passend für ein Familienbad auf dem Land, weit weg von allem Event-Rummel, dafür mit einem Erholungswert, der unbezahlbar ist. Irgendwann trennen wir uns dennoch, packen unseren Rucksack und machen uns zurück auf den Weg nach Tittmoning.

Wieder an der Umgehungsstraße angelangt haben wir noch ein kurzes Stück den Verkehr neben uns, der versteckt sich für kurze Zeit in einem Hohlweg und über eine Brücke lassen wir

Bauerngarten bei Grassach

Lärm und Unruhe schnell hinter uns; vor uns nur noch friedliches Bauernland. Am Weiler Diepling geht es nach links und in einen Weg hinein, der sich leicht bergauf an der Buchleiten entlangschwingt. So heißt der bewaldete Hügel links von uns, ein »Drumlin«, wie man die typischen Moränenhügel aus der letzten Eiszeit nennt. Buchen beschatten den Weg, der ganz sicher schon vor Jahrhunderten genau hier verlief. Schmucke Bauerngärten im Nachmittagslicht, ein winziges Feuerwehrhaus im Weiler Grassach, das stolz sein 100-Jähriges verkündet, das sind so die Sensationen auf diesem geruhsamen Rückweg nach Tittmoning.

Heilquellen und das Tittmoninger Trinkwasser

Nach dem Überqueren der St 2106 beim Weiler Saag führt uns der Weg bergab über eine Schlucht namens Ponlachgraben. Der dazugehörige Bach ist die Ponlach, sie kommt von Westen, ist gerade mal 3 Kilometer lang, war aber für die Tittmoninger Wasserversorgung lange Zeit von Bedeutung. Die steilen Hänge des Grabens sind dicht bewaldet und völlig unzugänglich,

Die Ponlach auf dem Weg nach Tittmoning

dem Wasser mit seinen Kurven und Katarakten kann man von oben praktisch dabei zusehen, wie es sich immer tiefer eingräbt. Bei der erwähnten Saag, einer ehemaligen mit Wasserkraft betriebenen Säge, führt man heute noch das dafür abgeleitete Wasser über ein schmales Aquädukt auf die Tittmoninger Seite der Schlucht, dort fließt es als unscheinbare Wasserrinne rechts neben unserem Weg Richtung Stadt. Dieser Zufluss war ursprünglich wichtig für die Wasserversorgung, heute ist er als teilweise offen sichtbarer Stadtbach eher eine Touristenattraktion.

Wo Quellen sprudelten, war früher die Hoffnung auf Heilung nicht weit.

Wo in früheren Zeiten Quellen sprudelten, war die Hoffnung auf wundersame Wirkungen meist nicht weit. Auch an den Hängen des Ponlachgrabens sprudelten sie, manchen sagte man Heilkräfte zu und eine davon wurde um 1624 mit der Kapelle Maria Brunn zu einem richtigen Wallfahrtsort. Hochwasser und Erdrutsche waren für die Kapelle eine ständige Bedrohung, weshalb die Salzburger Fürstbischöfe

Votivbilder in Maria Brunn

1717 einen Neubau weiter oben auf sicherem Terrain errichteten. Kurz vor Ende unserer Landpartie kommen wir dort vorbei und sind entzückt. Das ist barocker Schwung in Reinkultur, offenbar kürzlich erst renoviert, da müssen wir unbedingt hinein! Ein Kleeblattgrundriss, viel Licht, viel Gold und überall Votivbilder. Ein sakraler Raum, der fröhlich stimmt. Besser kann der Abschluss des schönen Tages kaum sein und bis zum Parkplatz an der Burg sind es nur noch ein paar Minuten.

🏛 Sommerfrische für Erzbischöfe: die Burg Tittmoning

Wer sich Tittmoning nähert und nach seiner Burg Ausschau hält, ist zunächst einmal verblüfft. Kein Turm, kein Bergfried und nichts zu sehen von Zinnen und Erkern. Stattdessen unübersehbar eine riesige rote Dachfläche, ein mit Ziegeln gedecktes Walmdach, das einer überdimensionierten Scheune ähnelt. Der Eindruck trügt nicht, denn unter dem Dach verbirgt sich der »Traidkasten«, ein dreistöckiger Vorratsspeicher aus dem 16. Jahrhundert. Drumherum eher schmucklose Festungsmauern aus grauem Tuffstein, die auf ihren Dächern diverse Kamine tragen.

Tittmoning – ein Ensemblekunstwerk

Die Michaelskapelle, klein, aber fein

Offenbar hat man es sich hier, gut geschützt, gemütlich gemacht und auch da liegt man nicht ganz falsch.

Ursprünglich im 12. Jahrhundert erbaut von Rittern aus dem Ortsadel übernahmen im 15. Jahrhundert die Salzburger Erzbischöfe die Burg und bauten sie zu einer Grenzfestung gegen das bayerische Burghausen aus. Den Zweck erfüllte sie meist erfolgreich, aber auch als sommerlicher Landaufenthalt war sie bei den Salzburger Fürstbischöfen sehr beliebt. Und zum Komfort für Bischof und Hofstaat gehörte nun mal auch eine ausreichende Versorgung. Beim Dachstuhl des Getreidespeichers haben die Zimmerleute des 16. Jahrhunderts ihre ganze Kunst aufgewendet und auch sonst wollte man auf Vieles nicht verzichten, was man aus der Residenzstadt gewohnt war. Es wird berichtet, dass Johann Ernst Graf von Thun und Hohenstein, von 1687 bis 1709 Erzbischof in Salzburg, seine ihm lieb gewordene Chororgel aus dem Salzburger Dom in die neu erbaute Michaelskapelle der Tittmoninger Burg bringen ließ. Wobei die große Orgel die kleine Kapelle recht gut ausfüllt, zusammen mit einem dominanten Altar aus rotem Marmor, der mit einem Rottmayr-Altarbild des Erzengels Michael aufwarten kann.

Burgcafé   *Eingang zu den Museen*

Bevor wir die Burg durch das Westtor betreten, müssen wir über einen abschreckend tiefen Graben, heute zwar nicht mehr mittels Zugbrücke, doch der Anblick ist immer noch wehrhaft, auch ohne Türme und Zinnen. Vor dem Tor geht rechts ein Durchgang auf den Burgzwinger, von dort haben wir einen großartigen Blick über den Rupertigau bis zu den Bergen. Der Blickfang im Burghof ist eine üppig belaubte Linde. In ihrem Schatten steht eine Bank und gleich daneben plätschert der Burgbrunnen; insgesamt ein so entspannt-romantisches Ensemble, dass wir Besucher jede Hektik sofort vergessen. Von der Bank schauen wir auf die barocke Fassade der Schlosskapelle, links hinter uns hören wir fröhliche Stimmen aus einem kleinen Garten mit Sonnenschirmen. Das muss das neu eröffnete Burgcafé sein – schaut einladend aus.

Burgcafé »Tittmoning«, Burg 3, 84529 Tittmoning
www.burgcafe-tittmoning.de

Hier oben herrscht also Leben, die Burg als ein Treffpunkt der Bürger und nicht nur als Museum für Touristen. Den Tittmoningern ist da etwas Besonderes gelungen.

Doch sie wollen ihren Gästen auch etwas bieten, denn das Thema Museum wird großgeschrieben hier oben. Neben dem Museum Rupertiwinkel gibt es ein Gerbereimuseum, das einem alten Tittmoninger Handwerk gewidmet ist. Wer historisch interessiert ist, bucht am besten eine der Burgführungen über https://tittmoning-gästeführungen.de. Vielleicht findet ja gerade eine der Tittmoninger Kunstausstellungen statt, auch die gehören hier zur Tradition.

🏛 Zeitreise ins 17. Jahrhundert:
Stadtrundgang in Tittmoning

Jeder, der aus Zeit- oder sonstigen Nebengründen Tittmoning umfahren möchte, ist schlecht beraten. Erstens gibt es kaum eine zeitsparende Umfahrung und zweitens verpasst er etwas immer Selteneres. Egal, durch welches der beiden schmalen Stadttore der Gegenverkehr uns einlässt, es ist wie nach einer Vorhangöffnung der Blick mitten aufs 17. Jahrhundert. Das andere Ende dieser Stadtplatzbühne ahnt man erst weit hinten, bis dahin sehen wir beiderseits dicht an dicht farbige Fassaden im Inn-Salzach-Stil, mal bescheiden, mal prachtvoll, immer wieder auch Brunnen oder Marktstände und vor den Häusern einladende Biergärten. 300 Meter sind es vom Laufener bis zum Burghauser Tor, insgesamt ein guter Platz für eine Rast.

Ihre stickige Residenz tauschten die Salzburger Fürstbischöfe im Sommer gerne gegen Tittmoning.

Unter den Schirmen der »Florianistube« ist noch Platz, an den Nachbartischen sitzen Einheimische und eine Gruppe von Monteuren in der Pause, was dafür spricht, dass hier Handfestes serviert wird.

Gaststätte »Florianistube«, Stadtplatz 44, 84529 Tittmoning, Tel.: 08638/1032

Früher fuhren Kutschen über die Brücke zur Burg, heute die Radler.

Stolze Rathausfassade

Auch wir haben Pause und überlegen uns ganz in Ruhe einen Stadtspaziergang für danach. Die Empfehlung vom Nachbartisch lautet: kleiner Rundgang über den Gerberberg zur Salzach und vor der Brücke rechts hinauf zur Stadtmauer. An ihr entlang auf der Gabelsbergerstraße bis zum Laufener Tor, dann über den Stadtplatz in die Augustinerstraße, vorbei am ehemaligen Augustinerkloster von 1682, das auch mal Brauerei, Kaserne und zuletzt bis 1972 eine Mädchenschule war. Weiter durch die Entenstraße, geprägt von farbigen Fassaden liebevoll sanierter Häuser, in denen im 17. Jahrhundert Bildhauer, Maler, Wachsbossierer und Goldschmiede ansässig waren, stoßen wir auf die Stiftskirche (sehenswert!) und über die Stiftsgasse kommen wir wieder zurück zu unserem Biergarten am Stadtplatz.

Das ist wie gesagt nur ein kleiner Rundgang, wer intensiver in die Tittmoninger Stadtgeschichte eintauchen will, nutzt am besten, wie bei der Burg, die angebotenen Führungen bei https://tittmoning-gästeführungen.de.

Ortsregister

Achtal 80/ 85/ 95/ 99

Adlgass 61/ 64/ 67/ 74

Aiging 141/ 146

Ainring 80ff./ 98ff.

Altenmarkt 175ff.

Alz, Alztal 158/ 175ff.

Bacham 165ff.

Bäckeralm 67

Baumburg, Kloster 121/ 175ff.

Bernau 25/ 32

Brandhofen 197

Buchberg 10ff.

Buchsee, Buch 165ff.

Burg Raschenberg 86

Chicming 23ff.

Chiemsee 23ff.

Einsiedel 62ff/ 74

Eisenärzt 37/ 46

Eppenstatt 119ff.

Eschenau 165ff.

Falkensee 59/ 74ff.

Falkenstein 76

Frauenstätt 107ff.

Frillensee 59/ 66ff.

Gamskogel 66

Geigelstein 14

Götzinger Ache 197

Grabenstätt 129ff.

Grassau 23/ 29ff.

Haunsberg 98

Heutau 107/ 113

Hinterwelln 120

Hochberg 119ff / 126

Hochplatte 9

Hochstaufen 66

Högering 49

Inzell 59ff./ 76

Kaltenbach 146ff.

Kendlmühlfilzen 24ff.

Kirchhof 194ff.

Klobenstein 142ff.

Kohleralm 64ff.

Krottensee 59/ 75ff.

Kühnhausen 189ff.

Kumpfmühle 104

Leitgeringer See 215ff.

Maria Schnee 100

Marwang 129ff.

Matzing 149ff.

Mehring 91

Mooshäusl 97

Mühltal 144ff.

Neukirchen 86/ 95ff.

Niederbrunn 165ff.

Oberheutau 112

Oberteisendorf 79/ 85ff. / 103

Oberwiesen 88

Offling 178

Pechschnaitmoor 122

Pertenstein 150

Petting 85/ 189ff.

Piding 85/ 98

Poing 181ff.

Ponlachgraben 221ff.

Raiten 9/ 16ff.
Rauschberg 50/ 54
Reichersdorf 200
Röthelbach 124
Roit, Beim Roiter 183ff.
Rote Traun 113ff.
Rottau 23ff
Ruhpolding 37/ 40/ 52ff.
Salzach 216ff.
St.Johann 107ff.
Schleching 10/ 17
Schlichten 217
Schönram 80
Schönramer Filzn 194
Seebruck 153ff.
Seetraun 40
Siegsdorf 16/ 37ff./ 119ff.
Sondershausen 193ff.
Stein an der Traun 176ff.
Stöffling 162ff.
Stoißeralm 67
Sur, Surtal 82/ 88ff.
Taching 207ff.
Tachinger See 207ff.
Teisenberg 79/ 85ff/ 91ff.
Teisendorf 79ff/ 90ff.
Teisendorfer Ache 86/ 98
Tengling 207ff.
Tettenhausen 207ff.
Thumberg 101ff.
Tiroler Ache 10ff.
Tittmoning 215ff.

Törring 207ff.
Traun, Trauntal 49/ 141ff.
Traunstein 30/ 37/ 53/ 141ff.
Traunwalchen 141ff./ 148ff.
Truchtlaching 175ff.
Tüttensee 129/ 132ff.
Übersee 23
Unterheutau 114ff.
Unterwössen 20
Urschlauer Ache 53
Vorauf 197ff.
Vordermiesenbach 49ff.
Waging 85/ 192
Waginger See 189ff.
Weiße Traun 37/ 52/ 120
Wernleiten 119ff.
Westerbuchberg 25ff.
Wimm 218ff.
Zinnkopf 50
Zwiesel (der) 59/ 66/ 69/ 83

Weitere Entdeckungsorte für Neugierige

Eine Liebeserklärung an den Alpenfluss und dazu die Geschichte der Flößer – »Entlang der Isar« ist der ideale Begleitband für Radtouren, Kurzurlaube und Ausflüge. Mit über 100 Abbildungen und vielen Tipps zum Besuchen, Einkehren und Übernachten.

Entlang der Isar – Band 1
Von Scharnitz bis München-Thalkirchen –
Ausflüge auf den Spuren der Flößer
144 S., Klappenbroschur, ISBN 978-3-86906-687-5

Entlang der Isar – Band 2
Von München bis Deggendorf –
Ausflüge auf den Spuren der Flößer
120 S., Klappenbroschur, ISBN 978-3-96233-265-5

Eltern wissen es: Das Stichwort »Wandern« allein ruft selten Begeisterungsstürme hervor. Wenn man die Natur allerdings belebt, sie mit Gestalten aus der reichen Fantasie unserer Vorfahren bevölkert, dann sieht die Sache schon ganz anders aus. Unsere Familien-Wanderführer bieten Wissenswertes am Wegesrand, unterhaltsame Geschichte(n) zum Erwandern und eine kleine Portion Grusel. Gewitzt geschrieben und liebevoll bebildert – Wanderspaß für die ganze Familie!

Zwergenspuk im Zugspitz-Land
15 sagenhafte Familienausflüge
204 S., Flexcover, € ISBN 978-3-96233-269-3

Irrwichtel im Isarwinkel
20 Familienausflüge zwischen Mittenwald und Bad Tölz
204 S., Flexcover, ISBN 978-3-96233-309-6

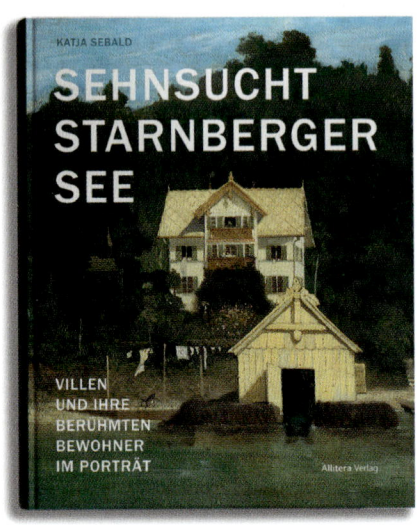

Die historischen Villen mit ihren Türmchen, Erkern und Balkonen prägen bis heute die Landschaft rund um den Starnberger See. War der sommerliche Aufenthalt am See einst dem Adel vorbehalten, so verbrachte spätestens ab der Mitte des 19. Jahrhunderts auch das Münchner Großbürgertum die Sommermonate vor den Toren der Stadt. Es waren jedoch die Münchner Maler, die lange vor den »Großkopferten« der Schönheit des Starnberger Sees verfallen waren. Die Künstler waren nicht nur Wegbereiter für den im 19. Jahrhundert einsetzenden Fremdenverkehr: Maler, Musiker und Literaten waren auch gern gesehene Gäste in den herrschaftlichen Sommerhäusern und bereicherten das gesellschaftliche Leben. Und die eleganten Villen wurden zu Schauplätzen von Liebesgeschichten und Dramen, von Geistesblitzen in großer Einsamkeit, von Gipfeltreffen der Kunst, von schmutzigen Geschäften und von konspirativen Zusammenkünften. Ein wunderbar inspirierender Band zur bayerischen Kulturgeschichte.

Sehnsucht Starnberger See
Villen und ihre berühmten Bewohner im Porträt
196 S., Hardcover, ISBN 978-3-96233-216-7